Heike Schmidt

Morgen war gestern – Das Praxisbuch gegen Prokrastination

Heike Schmidt

Morgen war gestern – Das Praxisbuch gegen Prokrastination

Aufschieberitis entlarven, Blockaden lösen, Ziele erreichen

Trainerverlag

Imprint

Any brand names and product names mentioned in this book are subject to trademark, brand or patent protection and are trademarks or registered trademarks of their respective holders. The use of brand names, product names, common names, trade names, product descriptions etc. even without a particular marking in this work is in no way to be construed to mean that such names may be regarded as unrestricted in respect of trademark and brand protection legislation and could thus be used by anyone.

Cover image: www.ingimage.com

Publisher:
Der Trainerverlag
is a trademark of
Dodo Books Indian Ocean Ltd. and OmniScriptum S.R.L publishing group

120 High Road, East Finchley, London, N2 9ED, United Kingdom
Str. Armeneasca 28/1, office 1, Chisinau MD-2012, Republic of Moldova, Europe
Managing Directors: Ieva Konstantinova, Victoria Ursu
info@omniscriptum.com

Printed at: see last page
ISBN: 978-3-8417-5968-9

Inhaltsverzeichnis

Einleitung: Was ist Prokrastination und warum ist sie so allgegenwärtig?

Definition und Ursprünge des Begriffs

Prokrastination beschreibt das Phänomen, Aufgaben aufzuschieben, obwohl man weiß, dass es negative Konsequenzen haben könnte. Der Begriff leitet sich aus dem Lateinischen „procrastinatio" ab, was so viel bedeutet wie „aufschieben" oder „für morgen zurückstellen." Im Kern geht es dabei nicht nur um das bloße Verzögern von Aufgaben, sondern um ein wiederkehrendes Verhaltensmuster, das oft von einem Gefühl der Schuld oder des Versagens begleitet wird.

Prokrastination ist keine neue oder moderne Erscheinung – tatsächlich haben bereits in der Antike große Denker das Phänomen des Aufschiebens erkannt und darüber philosophiert. Einer der prominentesten Vertreter war der römische Philosoph Seneca. In seinen Schriften warnte er vor dem Aufschieben und betonte, dass es ein ernsthaftes Hindernis für persönliches Wachstum und Erfolg darstellt.

Seneca glaubte fest daran, dass das Leben kurz sei und dass wir unsere Zeit weise nutzen sollten, anstatt sie mit unnötigem Zögern zu verschwenden. In seinem Werk "De Brevitate Vitae" (Über die Kürze des Lebens) beschreibt er, wie Menschen oft so handeln, als hätten sie unendlich viel Zeit zur Verfügung. Sie schieben wichtige Aufgaben auf, vertrödeln ihre Zeit und konzentrieren sich stattdessen auf kurzfristige Vergnügungen oder triviale Dinge. Er prangert das Aufschieben als eine der größten menschlichen Schwächen an und argumentiert, dass diejenigen, die ihre Zeit nicht wertschätzen, am Ende mit Reue über die verpassten Möglichkeiten zurückblicken.

Senecas Beobachtungen zeigen, dass Prokrastination ein zeitloses Problem ist, das Menschen seit Jahrhunderten begleitet. Seine Worte sind heute noch genauso relevant wie damals und verdeutlichen, dass Aufschieben nicht nur die Erledigung von Aufgaben verhindert, sondern auch unser persönliches und berufliches Wachstum blockiert.

Heute hat die Wissenschaft verschiedene Erklärungsansätze für dieses Verhalten entwickelt, die von psychologischen Faktoren wie Perfektionismus oder Angst bis hin zu neurologischen Erklärungen reichen, bei denen es um die Funktionsweise des Belohnungssystems im Gehirn geht. Trotz des Wissens über diese Mechanismen bleibt Prokrastination ein weit verbreitetes und oft schwer zu durchbrechendes Muster.

Warum Menschen aufschieben: Ein universelles Problem

Prokrastination ist ein Problem, das fast jeder Mensch kennt – ob es sich um berufliche Deadlines, private Projekte oder alltägliche Aufgaben wie das Putzen der Wohnung handelt. Doch warum neigen so viele Menschen dazu, Dinge aufzuschieben, selbst wenn sie wissen, dass es besser wäre, sofort anzufangen? Es gibt viele Gründe, warum Menschen prokrastinieren. Häufig spielt die Angst vor Versagen eine Rolle, ebenso wie der Wunsch, Aufgaben perfekt zu erledigen. Das Streben nach Perfektion kann jedoch lähmend wirken, da Menschen oft das Gefühl haben, dass sie noch nicht „bereit" sind oder noch nicht genug Informationen haben, um die Aufgabe zu bewältigen.

Ein weiterer Grund ist die mangelnde Motivation oder das Fehlen klarer Ziele. Oft erscheint die anstehende Aufgabe zu komplex oder überwältigend, sodass der erste Schritt einfach zu schwer fällt. Stattdessen wenden sich Menschen kleineren, unmittelbareren Belohnungen zu, wie dem Scrollen durch soziale Medien oder dem Ansehen von Serien, um kurzfristig Ablenkung und Befriedigung zu finden. Wir sind umgeben von ständig verfügbaren Ablenkungen, so ist es einfacher denn je, Prokrastination in den Alltag einzubauen.

Prokrastination ist auch deshalb so allgegenwärtig, weil sie ein universelles menschliches Problem ist – niemand ist völlig immun dagegen. Egal, ob es um die Steuererklärung, die Arbeit an einem wichtigen Projekt oder den Beginn einer neuen Herausforderung geht, fast jeder hat schon einmal den Drang verspürt, etwas „auf morgen" zu verschieben. Das macht Prokrastination zu einem Thema, das uns alle betrifft und das unser berufliches und persönliches Leben maßgeblich beeinflussen kann.

Persönliche Motivation und Ziel des Buches

Meine persönliche Motivation, dieses Buch über Prokrastination zu schreiben, basiert auf eigenen Erfahrungen sowie meiner langjährigen Arbeit als Coach und Heilpraktikerin. Ich habe selbst oft erlebt, wie lähmend es sein kann, wichtige Aufgaben immer wieder aufzuschieben, obwohl sie eigentlich gar nicht so schwer oder unangenehm sind, wenn man erst einmal beginnt. Unbezahlbar ist das Gefühl, wenn ich eine Aufgabe geschafft habe. Dieses Gefühl gilt es, sich in das Bewusstsein zurückzuholen, wenn man vor einer Aufgabe steht. Durch meine Arbeit mit Klienten, die ähnliche Probleme haben, wurde mir bewusst, wie tief dieses Muster in unser Leben eindringen kann und wie wichtig es ist, einen Weg zu finden, es zu überwinden.

Das Ziel dieses Buches ist es, die Leser dabei zu unterstützen, ihre eigenen Prokrastinationsmuster zu erkennen und zu durchbrechen. Es geht nicht nur darum, zu verstehen, warum wir aufschieben, sondern auch darum, konkrete Strategien und Werkzeuge an die Hand zu geben, um produktiver zu werden und die Kontrolle über das eigene Handeln zurückzugewinnen. Mit einem Mix aus praktischen Tipps, wissenschaftlichen Erkenntnissen und persönlichen Anekdoten möchte ich aufzeigen, dass es möglich ist, aus dem Teufelskreis der Prokrastination auszubrechen und langfristig mehr Zufriedenheit und Erfolg zu erleben.

Darüber hinaus liegt mir besonders am Herzen, den Lesern zu vermitteln, dass Prokrastination keine persönliche Schwäche ist, sondern ein menschliches Verhalten, das sich mit den richtigen Ansätzen verändern lässt. Dieses Buch richtet sich an alle, die sich von der Last des Aufschiebens befreien möchten – sei es im beruflichen oder im privaten Bereich. Es soll ein Leitfaden sein, um das Leben aktiver zu gestalten und endlich die Dinge anzupacken, die wirklich wichtig sind.

Kapitel 1: Die Psychologie der Prokrastination

Prokrastination ist mehr als nur das einfache Aufschieben von Aufgaben. Sie ist ein komplexes Phänomen, das tief in unserer Psyche verwurzelt ist und auf verschiedenen emotionalen und kognitiven Mechanismen basiert. Um zu verstehen, warum wir prokrastinieren, müssen wir einen Blick auf die psychologischen Hintergründe werfen, die dieses Verhalten auslösen. In diesem Kapitel untersuchen wir die Unterschiede zwischen normalem Aufschieben und chronischer Prokrastination, die Angst vor Versagen, den Perfektionismus, mangelnde Motivation und die emotionalen Blockaden, die uns daran hindern, ins Handeln zu kommen.

Normales Aufschieben und Prokrastination

Es ist wichtig, zwischen gelegentlichem Aufschieben und chronischer Prokrastination zu unterscheiden. Jeder Mensch schiebt hin und wieder Aufgaben auf, insbesondere wenn sie unangenehm oder langweilig erscheinen. Dieses Verhalten ist normal und oft harmlos. Vielleicht verschiebt man das Abwaschen auf den nächsten Tag oder erledigt erst nach Wochen eine kleine Reparatur zu Hause. Solange diese Verzögerungen keine schwerwiegenden Auswirkungen auf das tägliche Leben haben, ist dies nichts, worüber man sich Sorgen machen müsste.

Prokrastination hingegen ist ein wiederkehrendes Muster, das tiefere Wurzeln hat. Menschen, die prokrastinieren, schieben nicht nur gelegentlich Aufgaben auf, sondern tun dies systematisch, oft begleitet von Schuldgefühlen, Stress und negativen Folgen. Diese chronische Form des Aufschiebens kann sich negativ auf die Karriere, die Gesundheit und das Privatleben auswirken. Während gelegentliches Aufschieben in der Regel keine großen Konsequenzen hat, ist Prokrastination ein Zeichen für tieferliegende emotionale oder psychologische Herausforderungen, die angegangen werden müssen.

Wann ist Prokrastination krankhaft?

Wann wird aus dem gelegentlichen Aufschieben ein ernsthaftes Problem? Prokrastination kann krankhaft werden, wenn sie das tägliche Leben erheblich beeinträchtigt und zu langfristigen negativen Folgen führt.

Merkmale krankhafter Prokrastination

Gelegentliches Aufschieben ist vollkommen normal. Doch wenn Prokrastination chronisch wird und das persönliche, berufliche oder soziale Leben massiv beeinträchtigt, kann man von krankhafter Prokrastination sprechen. Typische Anzeichen dafür sind:

- **Extreme Verzögerung wichtiger Aufgaben:** Krankhafte Prokrastination führt dazu, dass selbst wichtige und dringende Aufgaben ständig aufgeschoben werden, oft trotz negativer Konsequenzen. Dies kann etwa das wiederholte Aufschieben von Arztterminen, Steuererklärungen oder beruflichen Projekten sein, die dringend erledigt werden müssten.

- **Ständige Selbstsabotage:** Menschen, die krankhaft prokrastinieren, setzen sich unbewusst selbst Grenzen. Trotz des Wissens um die negativen Folgen gelingt es ihnen nicht, die nötigen Schritte zu unternehmen. Dies führt häufig zu einem Teufelskreis von Schuldgefühlen, Stress und weiterem Aufschieben.

- **Beeinträchtigung des Alltags:** Krankhafte Prokrastination wirkt sich direkt auf das alltägliche Leben aus. Häufig werden Beziehungen, Karriere oder sogar die Gesundheit in Mitleidenschaft gezogen. Betroffene kommen in der Arbeit nicht voran, ihre finanzielle Situation kann sich verschlechtern, und sie fühlen sich von den aufgeschobenen Aufgaben erdrückt.

- **Starke emotionale Belastung**: Während gelegentliches Aufschieben vor allem ein Ärgernis ist, geht eine krankhafte Prokrastination oft mit starken emotionalen Problemen einher. Betroffene leiden unter chronischem Stress, Ängsten, Frustration und einem niedrigen Selbstwertgefühl. Oft entstehen Gefühle von Unzulänglichkeit und Selbstverachtung, da sie ihre eigenen Erwartungen nicht erfüllen können.

Prokrastination und psychische Störungen

In einigen Fällen kann Prokrastination ein Symptom oder Begleiterscheinung tieferliegender psychischer Störungen sein. Dazu gehören:

- **Depression**: Menschen mit Depressionen kämpfen häufig mit Antriebslosigkeit, Hoffnungslosigkeit und dem Gefühl, dass ihre Handlungen keinen Unterschied machen. Das führt dazu, dass selbst einfache Aufgaben unmöglich erscheinen, was die Prokrastination verstärkt.

- **Angststörungen**: Menschen mit Angststörungen schieben Aufgaben oft aus Angst vor möglichen negativen Konsequenzen auf. Die Vorstellung, dass etwas schiefgehen könnte, führt zu einem Vermeidungsverhalten, das in ständiger Prokrastination endet.

- **Aufmerksamkeitsdefizit-/Hyperaktivitätsstörung (ADHS):** Bei Menschen mit ADHS ist Prokrastination oft ein Symptom der mangelnden Fähigkeit, sich auf Aufgaben zu konzentrieren und diese strukturiert anzugehen. Die Impulsivität und das fehlende Zeitgefühl führen dazu, dass sie Aufgaben immer weiter hinausschieben.

Wann ist professionelle Hilfe nötig?

Wenn Prokrastination das Leben erheblich beeinträchtigt und von starken emotionalen Belastungen begleitet wird, kann es sinnvoll sein, professionelle Hilfe in Anspruch zu nehmen. Dies gilt insbesondere, wenn:

- Das Aufschieben dauerhaft zu ernsthaften Problemen im Alltag, im Beruf oder in der Gesundheit führt.
- Der Betroffene leidet an starkem Stress, Schuldgefühlen oder Ängsten, die durch das Aufschieben ausgelöst oder verstärkt werden.
- Der Verdacht auf eine zugrunde liegende psychische Störung besteht, wie etwa Depressionen, Angststörungen oder ADHS.

Therapien wie die kognitive Verhaltenstherapie haben sich als effektiv erwiesen, um krankhafte Prokrastination zu behandeln. In der Therapie lernen Betroffene, ihre Vermeidungsstrategien zu erkennen, schädliche Denkmuster zu hinterfragen und neue, gesunde Verhaltensweisen zu entwickeln.

Fazit

Krankhafte Prokrastination unterscheidet sich vom normalen Aufschieben durch ihre Intensität, Dauer und die negativen Auswirkungen auf das Leben. Wenn das Aufschieben zu emotionalen oder psychischen Belastungen führt und den Alltag beeinträchtigt, ist es wichtig, Hilfe in Betracht zu ziehen. Eine gezielte Auseinandersetzung mit den Ursachen und das Erlernen von effektiven Strategien zur Bewältigung sind der Schlüssel, um Prokrastination langfristig in den Griff zu bekommen.

Angst vor Versagen: Warum wir den ersten Schritt vermeiden

Einer der häufigsten Gründe für Prokrastination ist die Angst vor Versagen. Diese Angst kann so überwältigend sein, dass wir es vorziehen, gar nicht erst anzufangen, anstatt uns der Möglichkeit eines Misserfolgs zu stellen. Der Gedanke, dass das Ergebnis unserer Arbeit nicht den eigenen oder den fremden Erwartungen entspricht, führt dazu, dass wir uns blockieren. Paradoxerweise ist das Aufschieben eine Möglichkeit, uns vor diesem Gefühl des Versagens zu schützen. Denn solange wir nicht anfangen, können wir uns einreden, dass wir das Potenzial für Erfolg haben – das Problem ist nur, dass wir es nie testen.

Diese Angst vor Versagen ist oft eng mit dem Selbstwertgefühl verknüpft. Wenn wir das Gefühl haben, dass unser Erfolg oder Misserfolg direkt unsere Selbstachtung beeinflusst, kann der Druck so groß werden, dass wir uns von vornherein blockieren. Das Vermeiden des ersten Schritts wird dann zu einer Strategie, um unser Selbstbild zu bewahren. Doch dieser Schutzmechanismus führt zu einem Teufelskreis, da das ständige Aufschieben die Angst vor Versagen letztlich nur verstärkt.

Perfektionismus und seine lähmende Wirkung

Ein weiterer zentraler Faktor der Prokrastination ist der Perfektionismus. Menschen, die hohe Ansprüche an sich selbst stellen und nach Perfektion streben, haben oft Schwierigkeiten, eine Aufgabe zu beginnen oder abzuschließen, weil sie Angst haben, das Ergebnis könnte nicht perfekt genug sein. Dieser Perfektionismus wirkt wie eine innere Handbremse: Anstatt Fortschritte zu machen, bleiben wir in der Planung oder Vorbereitung stecken, da jede Aktion auf einen perfekten Moment oder perfekte Bedingungen wartet.

Die lähmende Wirkung des Perfektionismus zeigt sich häufig darin, dass selbst kleine, triviale Aufgaben zu einem großen Hindernis werden können. Anstatt die Aufgabe schrittweise anzugehen und Fortschritte zu feiern, geraten Perfektionisten in eine Endlosschleife der Vorbereitung, Überarbeitung und Selbstkritik. Das Ergebnis ist oft, dass die Aufgabe nie wirklich fertiggestellt wird oder viel mehr Zeit und Energie in Anspruch nimmt, als eigentlich nötig wäre.

Perfektionismus ist also ein Haupttreiber der Prokrastination, da das Streben nach dem idealen Ergebnis oft dazu führt, dass Menschen gar nicht erst anfangen oder sich in endlosen Detailfragen verlieren. Das Loslassen von Perfektion und die Akzeptanz von „gut genug" ist daher eine der wichtigsten Strategien, um aus der Prokrastination auszubrechen.

Mangelnde Motivation und das Streben nach kurzfristigem Vergnügen

Oft fehlt es Menschen, die prokrastinieren, schlichtweg an Motivation. Insbesondere wenn die Aufgabe, die vor ihnen liegt, nicht sofortigen Nutzen oder Befriedigung verspricht, fällt es schwer, die nötige Energie aufzubringen, um anzufangen. Stattdessen greifen wir häufig zu Aktivitäten, die uns kurzfristig glücklich machen, wie das Scrollen durch soziale Medien, das Ansehen von Serien oder das Durchstöbern von Nachrichten. Diese unmittelbaren Belohnungen aktivieren unser Belohnungssystem im Gehirn, was dazu führt, dass wir immer wieder nach diesen kleinen Dopaminschüben suchen, anstatt uns auf die langwierige Aufgabe zu konzentrieren.

Dieser Mechanismus erklärt, warum wir oft sogar wissen, dass wir etwas Wichtigeres tun sollten, aber trotzdem die Ablenkung wählen. Die unmittelbare Belohnung fühlt sich einfach besser an als die oft abstrakte, langfristige Belohnung der Erledigung einer Aufgabe. Diesem Impuls zu widerstehen erfordert eine klare Zielsetzung und starke Selbstdisziplin, da unser Gehirn immer darauf programmiert ist, kurzfristige Freude über langfristige Belohnungen zu bevorzugen.

Emotionale Blockaden und Vermeidungsverhalten

Neben den kognitiven und motivorientierten Ursachen spielen auch emotionale Blockaden eine entscheidende Rolle bei der Prokrastination. Viele Menschen verwenden das Aufschieben als eine Form des Vermeidungsverhaltens, um sich unangenehmen Emotionen nicht stellen zu müssen. Dies kann Angst, Unsicherheit, Stress oder sogar Scham umfassen. Anstatt sich diesen Gefühlen zu stellen und sich mit ihnen auseinanderzusetzen, flüchten wir in Ablenkungen oder schieben die Aufgabe weiter auf.

Ein Beispiel hierfür ist das Aufschieben schwieriger Gespräche oder emotional belastender Aufgaben. Wenn die Aussicht auf unangenehme Gefühle zu groß wird, erscheint das Aufschieben als die einfachere Option. Das Problem dabei ist, dass diese Strategie die negativen Emotionen nicht auflöst, sondern im Gegenteil verstärkt. Die aufgeschobene Aufgabe bleibt im Hinterkopf und verursacht Unbehagen bis hin zu Panikattacken, was den Stress weiter erhöht und die Wahrscheinlichkeit des weiteren Aufschiebens verstärkt. In den Gedanken wird nicht selten ein Szenario abgespielt, das sich bei weiterem Hinterdenken und längerem Aufschieben immer schlimmer abspielt und somit wird die Aufgabe immer weiter geschoben. Im schlimmsten Fall wird sie gar nicht erledigt, was zu nicht zu unterschätzenden Konsequenzen führen kann.

Beispiel 1: Ein Klient hat die Rechnungen und späteren Mahnungen für den Kredit seines Hauses ungeöffnet in die Schublade gelegt, weil er sich damit nicht auseinandersetzen wollte oder konnte. Letztendlich führte dieses Aufschieben zur Zwangsversteigerung seines Hauses und schließlich in die Privatinsolvenz. Das war schon eine extreme Konsequenz.

Beispiel 2: *Eine Klientin hat es vermieden, sich mit dem Vermieter auseinanderzusetzen, wenn es um Reparaturen ging, Mieterhöhung etc. Immer hat sie ihre erwachsenen Kinder mit dem Vermieter sprechen lassen. Die Probleme wurden zwar gelöst, aber die Klientin hat sich stets schlechter gefühlt und sobald eine Nachricht vom Vermieter eintraf, fühlte sie Panik in sich aufsteigen. Dieser Teufelskreis kann nur durchbrochen werden, wenn man sich dieser Aufgabe auch selbst stellt.*

Es ist entscheidend, diese emotionalen Blockaden zu erkennen und sich bewusst mit ihnen auseinanderzusetzen, um Prokrastination zu überwinden. Strategien wie Achtsamkeit, Selbstmitgefühl und das Erlernen eines positiven Umgangs mit Emotionen können hier eine wichtige Rolle spielen.

Fazit des Kapitels

Die Psychologie der Prokrastination ist vielschichtig. Sie resultiert nicht nur aus einem simplen Mangel an Selbstdisziplin, sondern aus tief verwurzelten Ängsten, Perfektionismus, emotionalen Blockaden und der natürlichen Neigung unseres Gehirns, kurzfristige Belohnungen langfristigen Zielen vorzuziehen. Um Prokrastination effektiv zu bekämpfen, müssen wir diese psychologischen Muster erkennen und gezielt angehen. In den kommenden Kapiteln wird es darum gehen, konkrete Strategien und Werkzeuge zu entwickeln, die helfen, aus diesen Blockaden auszubrechen und produktiver zu werden.

Selbstreflexion nach Kapitel 1: Die Psychologie der Prokrastination

Bevor du in den nächsten Kapiteln tiefer in das Thema Prokrastination eintauchst, ist es wichtig, dir selbst Zeit zu nehmen, über dein eigenes Verhalten nachzudenken. Nur durch Selbstreflexion kannst du ein besseres Verständnis dafür entwickeln, warum du aufschiebst und welche emotionalen oder kognitiven Muster bei dir am stärksten wirken.

Nimm dir ein paar Minuten Zeit, um die folgenden Fragen ehrlich zu beantworten:

1. Normales Aufschieben oder Prokrastination?
- Wie oft verschiebe ich Aufgaben? Geschieht das eher gelegentlich oder ist es ein wiederkehrendes Muster in meinem Alltag?
- Welche Arten von Aufgaben schiebe ich am häufigsten auf? (z.B. berufliche Projekte, persönliche Pflichten, alltägliche Aufgaben)
- Wie fühle ich mich, wenn ich Aufgaben aufschiebe? Gibt es Schuldgefühle oder Stressmomente?

2. Angst vor Versagen:
- Gibt es Aufgaben, die ich aufschiebe, weil ich Angst habe, zu versagen?
- In welchen Bereichen meines Lebens fühle ich mich besonders unsicher oder habe ich das Gefühl, dass meine Leistung nicht gut genug sein könnte?

3. Perfektionismus:
- Erkenne ich bei mir den Wunsch, alles perfekt machen zu wollen? Blockiert mich dieser Anspruch oft im Alltag?
- Welche Aufgaben oder Projekte verschiebe ich aus Angst, dass das Ergebnis nicht perfekt sein könnte?

4. Motivation und kurzfristige Belohnungen:
- Fällt es mir schwer, mich für Aufgaben zu motivieren, die keinen unmittelbaren Nutzen oder keine kurzfristige Belohnung bieten?
- Welche Ablenkungen nutze ich am häufigsten, um unangenehmen oder schwierigen Aufgaben zu entkommen? (z.B. soziale Medien, Fernsehen, spontane Aktivitäten)

5. Emotionale Blockaden:
- Fühle ich mich oft emotional überfordert, wenn ich an bestimmte Aufgaben denke?
- Welche Gefühle (z.B. Angst, Unsicherheit, Scham) versuche ich zu vermeiden, indem ich Aufgaben aufschiebe?

Notizbereich für deine Gedanken:

Nutze den folgenden Bereich, um deine Erkenntnisse aufzuschreiben. Dies wird dir helfen, Muster zu erkennen und im weiteren Verlauf des Buches gezielte Maßnahmen zur Überwindung der Prokrastination zu ergreifen.

____

____

____

____

Mit dieser Selbstreflexion hast du die Grundlage geschaffen, um besser zu verstehen, warum du prokrastinierst. Im Laufe des Buches wirst du immer wieder auf ähnliche Reflexionsblöcke stoßen, die dir dabei helfen, dein Verhalten und deine Fortschritte zu überprüfen.

Kapitel 2: Äußere Einflüsse und Zeitmanagement-Probleme

Während psychologische Faktoren wie Angst vor Versagen oder Perfektionismus eine bedeutende Rolle bei der Prokrastination spielen, dürfen wir die äußeren Einflüsse und strukturellen Herausforderungen nicht außer Acht lassen. Heutzutage sind wir ständig von Ablenkungen umgeben und sehen uns komplexen Anforderungen an unser Zeitmanagement gegenüber. Dieses Kapitel beleuchtet ausführlich, wie äußere Faktoren wie digitale Ablenkungen, schlechte Zeitplanung und fehlende Struktur unsere Tendenz zum Aufschieben verstärken können.

Die Rolle von Ablenkungen im digitalen Zeitalter

Der digitale Dschungel und seine Verlockungen

Wir sind mehr denn je von Technologie umgeben. Smartphones, Tablets und Laptops sind zu ständigen Begleitern geworden. Sie ermöglichen uns nicht nur, jederzeit und überall zu kommunizieren, sondern bieten auch eine Fülle an Unterhaltungsmöglichkeiten und Informationen. Doch diese ständige Verfügbarkeit kann auch zur Falle werden, wenn es darum geht, fokussiert und produktiv zu bleiben.

Sofortige Befriedigung durch soziale Medien

Soziale Medienplattformen wie Facebook, Instagram, Twitter und TikTok sind darauf ausgelegt, unsere Aufmerksamkeit zu fesseln. Sie nutzen psychologische Mechanismen, die uns immer wieder dazu bringen, unsere Feeds zu aktualisieren, auf Benachrichtigungen zu reagieren und uns mit anderen zu vergleichen. Jedes „Gefällt mir" oder jeder neue Kommentar löst einen kleinen Dopaminschub in unserem Gehirn aus, was kurzfristig ein gutes Gefühl vermittelt. Diese kurzfristige Befriedigung kann jedoch langfristig unsere Fähigkeit beeinträchtigen, anhaltend an Aufgaben zu arbeiten, die mehr Aufmerksamkeit und Konzentration erfordern.

Beispiel: *Überlege dir einmal, wie oft es dir schon passiert ist, dass du ins Handy schaust und wenn du es weg legst, nicht das gemacht hast, was du eigentlich wolltest. Du hast es schlicht und einfach vergessen und wurdest mit anderen Tätigkeiten abgelenkt. Es kann sein, dass du nur schnell schauen wolltest, wie viel Uhr es ist und dann gesehen hast, dass Nachrichten auf dem Display angezeigt wurden.*

Multitasking als Mythos

Viele Menschen glauben, dass sie durch Multitasking effizienter arbeiten können. Sie beantworten E-Mails während eines Meetings, lesen Nachrichten während des Essens oder schreiben an einem Bericht, während sie Musik hören und Nachrichten checken. Doch Studien haben gezeigt, dass unser Gehirn nicht wirklich in der Lage ist, mehrere komplexe Aufgaben gleichzeitig zu bewältigen. Stattdessen wechselt es schnell zwischen den Aufgaben hin und her, was als "Task Switching" bezeichnet wird. Dieses ständige Umschalten führt zu erhöhter mentaler Ermüdung, verringert die Produktivität und erhöht die Fehlerquote.

Was genau ist Task Switching?

Task Switching bezeichnet den Prozess, bei dem wir unsere Aufmerksamkeit von einer Aufgabe zur nächsten verschieben. Anstatt zwei oder mehr Aufgaben gleichzeitig zu bearbeiten, springen wir schnell zwischen ihnen hin und her. Dieses ständige Wechseln erfordert jedes Mal, dass unser Gehirn sich neu orientiert und fokussiert. Obwohl es den Anschein hat, dass wir mehrere Dinge gleichzeitig erledigen, führt Task Switching tatsächlich zu einer Verringerung der Effizienz und erhöht die kognitive Belastung.

Die kognitiven Kosten des Task Switchings

Jedes Mal, wenn wir zwischen Aufgaben wechseln, entstehen sogenannte "Wechselkosten" (Switching Costs). Diese Kosten äußern sich in Form von Zeitverlust und erhöhter mentaler Anstrengung. Hier sind einige der Hauptauswirkungen:

- **Verlust von Fokus und Konzentration:** Es dauert durchschnittlich 15 bis 25 Minuten, um nach einer Unterbrechung wieder in einen tiefen Konzentrationszustand zu gelangen. Durch ständiges Wechseln erreichen wir diesen Zustand kaum oder nur für kurze Zeit.

- **Erhöhte Fehlerquote:** Das Gehirn macht mehr Fehler, wenn es versucht, schnell zwischen Aufgaben zu wechseln. Details können übersehen werden, und die Qualität der Arbeit leidet.

- **Langsamere Arbeitsgeschwindigkeit:** Insgesamt benötigen wir mehr Zeit, um Aufgaben abzuschließen, wenn wir ständig zwischen ihnen hin und her wechseln, anstatt sie nacheinander zu bearbeiten.

- **Mentale Ermüdung:** Das ständige Umschalten erfordert mehr kognitive Energie, was zu schnellerer Ermüdung führt. Dies kann die Motivation weiter senken und die Prokrastination verstärken.

Warum Task Switching Prokrastination fördert

Task Switching kann ein Symptom von Prokrastination sein, aber es kann sie auch verstärken. Hier wird aufgezeigt, wie das passiert:

- **Vermeidung von unangenehmen Aufgaben:** Indem wir zwischen verschiedenen Aufgaben wechseln, vermeiden wir es oft, uns intensiv mit einer möglicherweise schwierigen oder unangenehmen Aufgabe auseinanderzusetzen.

- **Ständige Ablenkung:** Externe Reize wie E-Mails, Nachrichten oder soziale Medien bieten eine einfache Möglichkeit, von der aktuellen Aufgabe wegzukommen. Das ständige Reagieren auf diese Ablenkungen verhindert tiefes Arbeiten.

- **Illusion von Produktivität:** Task Switching gibt uns das Gefühl, beschäftigt zu sein, was wir fälschlicherweise mit Produktivität gleichsetzen. In Wirklichkeit erledigen wir jedoch weniger und schieben wichtige Aufgaben weiter auf.

Beispiel für Task Switching im Alltag

Stell dir vor, du arbeitest an einem wichtigen Bericht für die Arbeit. Während du schreibst, poppt eine E-Mail-Benachrichtigung auf. Du entscheidest dich, die E-Mail schnell zu lesen. Danach schaust du kurz auf dein Smartphone und beantwortest eine Nachricht. Zurück am Computer siehst du, dass du eine neue Aufgabe im Projektmanagement-Tool erhalten hast. Du wechselst dorthin, um sie dir anzusehen. Nach 20 Minuten versuchst du, zum Bericht zurückzukehren, hast aber den Faden verloren und musst dich erst wieder einarbeiten. Dieses Szenario zeigt, wie Task Switching den Arbeitsfluss stört und zu ineffizientem Arbeiten führt.

Die Wissenschaft hinter Task Switching

Neurowissenschaftliche Untersuchungen haben gezeigt, dass unser präfrontaler Kortex – der Teil des Gehirns, der für komplexes Denken und Entscheidungsfindung verantwortlich ist – nicht dafür ausgelegt ist, mehrere komplexe Aufgaben gleichzeitig zu verarbeiten. Beim Task Switching müssen neuronale Ressourcen jedes Mal neu zugewiesen werden, was Zeit und Energie kostet. Dies reduziert die verfügbare kognitive Kapazität für die eigentliche Aufgabe.

Strategien zur Vermeidung von Task Switching

Um die negativen Auswirkungen von Task Switching zu minimieren und die Prokrastination zu reduzieren, können folgende Strategien hilfreich sein:

- **Monotasking praktizieren:** Konzentriere dich auf eine Aufgabe zur Zeit. Setze dir das Ziel, diese Aufgabe bis zu einem bestimmten Punkt oder innerhalb eines festgelegten Zeitrahmens abzuschließen, bevor du zur nächsten übergehst.
- **Arbeitsblöcke einrichten:** Teile deinen Arbeitstag in Blöcke ein, die jeweils einer spezifischen Aufgabe oder einem Aufgabenbereich gewidmet sind. Während dieser Zeit sollten Ablenkungen minimiert werden.
- **Benachrichtigungen ausschalten:** Deaktiviere während konzentrierter Arbeitsphasen alle nicht dringenden Benachrichtigungen auf deinem Computer und Smartphone.
- **Arbeitsplatz organisieren:** Halte deinen physischen und digitalen Arbeitsplatz frei von unnötigen Gegenständen oder offenen Programmen, die dich ablenken könnten.
- **Arbeite in festgelegten Intervallen:** z.B. 25 Minuten konzentriertes Arbeiten, gefolgt von 5 Minuten Pause. Dies fördert fokussiertes Arbeiten und ermöglicht regelmäßige Erholungspausen.
- **Achtsamkeit und Präsenz üben:** Durch Achtsamkeitsübungen kannst du lernen, im Moment zu bleiben und deine Aufmerksamkeit bewusst auf die aktuelle Aufgabe zu richten.

Die Rolle von Gewohnheiten in Bezug auf Task Switching

Gewohnheiten spielen eine entscheidende Rolle dabei, wie wir mit Aufgaben umgehen. Indem du positive Arbeitsgewohnheiten entwickelst, kannst du Task Switching reduzieren:

- **Feste Arbeitszeiten etablieren:** Halte dich an einen regelmäßigen Arbeitsplan, der Zeiten für fokussiertes Arbeiten und für Pausen vorsieht.

- **Routineaufgaben bündeln:** Erledige ähnliche Aufgaben in einem Block (z.B. E-Mails beantworten), anstatt sie über den Tag verteilt zu bearbeiten.

- **Reflexion und Anpassung:** Nimm dir regelmäßig Zeit, um deine Arbeitsweise zu reflektieren und anzupassen. Frage dich, was gut funktioniert und wo es Verbesserungsbedarf gibt.

Zusammenfassung zum Thema Task Switching

Task Switching ist ein unterschätzter Faktor, der unsere Produktivität erheblich beeinträchtigt und Prokrastination fördert. Das ständige Wechseln zwischen Aufgaben erhöht nicht nur die Fehleranfälligkeit und verlängert die Bearbeitungszeit, sondern führt auch zu mentaler Ermüdung. Indem wir uns auf eine Aufgabe zur Zeit konzentrieren und bewusst Strategien zur Minimierung von Ablenkungen einsetzen, können wir effizienter arbeiten und das Aufschieben reduzieren. Die Entwicklung von Monotasking-Fähigkeiten und die Etablierung positiver Gewohnheiten sind Schlüsselkomponenten, um den Herausforderungen des modernen Arbeitslebens erfolgreich zu begegnen.

Übung: Selbstreflexion zum Thema Task Switching

- **Beobachte dein Arbeitsverhalten:** Wie oft wechselst du zwischen Aufgaben, ohne sie abzuschließen?
- **Identifiziere Auslöser:** Was sind die häufigsten Gründe für dein Task Switching? Sind es externe Ablenkungen oder innere Unruhe?
- **Setze dir ein Ziel:** Versuche, für einen bestimmten Zeitraum ausschließlich an einer Aufgabe zu arbeiten. Notiere, wie sich dies auf deine Produktivität und dein Wohlbefinden auswirkt.

Indem du dir dieser Muster bewusst wirst und aktiv dagegen steuerst, kannst du nicht nur deine Effizienz steigern, sondern auch ein erfüllteres Arbeitsleben führen.

Informationsüberflutung und Entscheidungsparalyse

Das Internet bietet uns Zugang zu unzähligen Informationen. Während dies in vielerlei Hinsicht positiv ist, kann es auch zu einer Überforderung führen. Die Menge an verfügbaren Daten kann dazu führen, dass wir uns verloren fühlen und Schwierigkeiten haben, wichtige von unwichtigen Informationen zu unterscheiden. Dieses Phänomen, auch bekannt als "Information Overload", kann Entscheidungsprozesse verlangsamen oder sogar zum Stillstand bringen. Wir verbringen mehr Zeit damit, Informationen zu sammeln, als tatsächlich zu handeln.

Strategien zur Minimierung digitaler Ablenkungen

- **Bewusster Umgang mit Technologie:** Setze dir klare Zeiten, in denen du E-Mails checkst oder soziale Medien nutzt. Zum Beispiel könntest du festlegen, nur dreimal am Tag deine E-Mails zu überprüfen.
- **Benachrichtigungen ausschalten:** Deaktiviere Push-Benachrichtigungen für Apps, die nicht dringend sind. So wirst du weniger oft aus deiner Arbeit gerissen.
- **Arbeitsumgebung gestalten:** Schaffe einen Arbeitsplatz, der frei von digitalen Ablenkungen ist. Nutze Apps oder Browser-Erweiterungen, die den Zugang zu bestimmten Websites während der Arbeitszeit blockieren.
- **Digitale Detox-Phasen einlegen:** Plane regelmäßig Zeiten ein, in denen du komplett auf digitale Geräte verzichtest. Dies kann helfen, deinen Geist zu beruhigen und dich neu zu fokussieren.

Schlechte Zeitplanung und fehlende Prioritäten

Die Illusion von unbegrenzter Zeit

Ein häufiges Problem bei der Zeitplanung ist die Tendenz, die verfügbare Zeit zu überschätzen. Wir glauben, dass wir später noch genügend Zeit haben werden, um Aufgaben zu erledigen, und schieben sie deshalb auf. Dieser "Planungsfehlschluss" kann dazu führen, dass wir uns plötzlich in Zeitnot befinden, weil wir den Aufwand unterschätzt haben.

Fehlende Priorisierung

Ohne klare Prioritäten besteht die Gefahr, dass wir uns mit weniger wichtigen Aufgaben beschäftigen, während die wirklich wichtigen Dinge liegen bleiben. Dies kann daran liegen, dass wir uns von dringenden, aber unwichtigen Aufgaben ablenken lassen oder dass wir einfach nicht klar definiert haben, was unsere Hauptziele sind.

Das Eisenhower-Prinzip: Effektives Priorisieren von Aufgaben

Das Eisenhower-Prinzip, auch bekannt als Eisenhower-Matrix, ist ein bewährtes Werkzeug für das Zeitmanagement und die Priorisierung von Aufgaben. Benannt nach dem ehemaligen US-Präsidenten Dwight D. Eisenhower, der für seine effiziente Arbeitsweise bekannt war, hilft dieses Prinzip dabei, Aufgaben nach ihrer Dringlichkeit und Wichtigkeit zu kategorisieren. Durch die Anwendung dieses Prinzips können wir unseren Fokus auf die Aufgaben richten, die den größten Einfluss auf unsere Ziele haben und gleichzeitig Prokrastination reduzieren.

Herkunft und Hintergrund

Dwight D. Eisenhower diente als 34. Präsident der Vereinigten Staaten von 1953 bis 1961. Vor seiner Präsidentschaft war er ein hochrangiger General im Zweiten Weltkrieg und verantwortete komplexe militärische Operationen. Seine Fähigkeit, effektiv zu entscheiden, welche Aufgaben Priorität hatten, war entscheidend für seinen Erfolg. Ein berühmtes Zitat von ihm lautet:

"I have two kinds of problems, the urgent and the important. The urgent are not important, and the important are never urgent."
(„Ich habe zwei Arten von Problemen: die dringenden und die wichtigen. Die dringenden sind nicht wichtig, und die wichtigen sind nie dringend.")

Dieses Zitat bildet die Grundlage für das Eisenhower-Prinzip, das darauf abzielt, zwischen Dringlichkeit und Wichtigkeit zu unterscheiden.

Die vier Quadranten der Eisenhower-Matrix

Die Eisenhower-Matrix teilt Aufgaben in vier Kategorien ein, basierend auf zwei
Kriterien: **Dringlichkeit** und **Wichtigkeit**. Durch diese Kategorisierung können wir klar
erkennen, welche Aufgaben sofortige Aufmerksamkeit erfordern und welche delegiert
oder sogar eliminiert werden können.

Hier ist eine Darstellung der vier Quadranten:

Wichtig und dringend (Quadrant I)
Aufgaben, die sowohl wichtig als auch dringend sind, erfordern sofortige
Aufmerksamkeit. Diese Aufgaben haben hohe Priorität und sollten sofort erledigt
werden.

Wichtig, aber nicht dringend (Quadrant II)
Diese Aufgaben sind wichtig für die Erreichung langfristiger Ziele, sind aber nicht
zeitkritisch. Sie sollten geplant und proaktiv angegangen werden, um zukünftige
Dringlichkeiten zu vermeiden.

Dringend, aber nicht wichtig (Quadrant III)
Aufgaben in diesem Quadranten verlangen nach sofortiger Aufmerksamkeit, tragen
aber wenig zur Erreichung unserer Hauptziele bei. Sie können oft delegiert oder
minimiert werden.

Weder dringend noch wichtig (Quadrant IV)
Diese Aufgaben sind weder wichtig noch dringend und dienen häufig als Ablenkung
oder Zeitvertreib. Sie sollten eliminiert oder stark eingeschränkt werden.

Anwendung des Eisenhower-Prinzips

Um das Eisenhower-Prinzip effektiv zu nutzen, folge diesen Schritten:

- **Aufgabenliste erstellen:** Schreibe alle anstehenden Aufgaben auf, unabhängig
  von ihrer Größe oder Bedeutung.
- **Bewertung jeder Aufgabe:** Gehe jede Aufgabe durch und bewerte sie anhand der
  Kriterien "Wichtigkeit" und "Dringlichkeit".
  Wichtigkeit: Trägt die Aufgabe zur Erreichung deiner langfristigen Ziele bei? Hat

sie bedeutende Konsequenzen für dich oder andere?
Dringlichkeit: Hat die Aufgabe eine nahe Frist? Erfordert sie sofortige Aufmerksamkeit, um negative Folgen zu vermeiden?

- **Einteilung in die Quadranten:** Ordne jede Aufgabe einem der vier Quadranten zu.
- **Handlungsplan erstellen:**
  - **Quadrant I (Wichtig und dringend):** Diese Aufgaben haben höchste Priorität. Erledige sie sofort.
  - **Quadrant II (Wichtig, aber nicht dringend):** Plane Zeit ein, um diese Aufgaben proaktiv anzugehen. Sie sind entscheidend für langfristigen Erfolg und sollten nicht aufgeschoben werden.
  - **Quadrant III (Dringend, aber nicht wichtig):** Prüfe, ob du diese Aufgaben delegieren kannst. Wenn nicht, versuche, den Zeitaufwand zu minimieren.
  - **Quadrant IV (Weder dringend noch wichtig):** Überlege, ob du diese Aufgaben eliminieren oder stark reduzieren kannst. Sie sind oft Zeitverschwendung.

Beispiele für jede Kategorie

- Quadrant I (Wichtig und dringend)
  - Krisenbewältigung (z.B. ein wichtiger Kunde hat ein dringendes Problem)
  - Unmittelbare Deadlines (z.B. Steuererklärung, die morgen fällig ist)
  - Dringende Gesundheitsprobleme

- Quadrant II (Wichtig, aber nicht dringend)
  - Strategische Planung
  - Weiterbildung und persönliche Entwicklung
  - Aufbau von Beziehungen und Netzwerken
  - Präventive Maßnahmen (z.B. regelmäßige Gesundheitsvorsorge)

- Quadrant III (Dringend, aber nicht wichtig)
  - Unterbrechungen durch Kollegen oder Telefonanrufe ohne hohen Nutzen
  - Einige Meetings und E-Mails, die sofortige Aufmerksamkeit erfordern, aber wenig beitragen
  - Dringende Anfragen, die für andere wichtig sind, aber nicht für deine Ziele

- Quadrant IV (Weder dringend noch wichtig)
    - Übermäßiger Konsum von sozialen Medien
    - Zielloses Surfen im Internet
    - Binge-Watching von Serien ohne Erholungszweck
    - Aktivitäten, die hauptsächlich der Prokrastination dienen

Warum das Eisenhower-Prinzip Prokrastination reduziert

- **Klarheit über Prioritäten:** Indem du dir über die Wichtigkeit und Dringlichkeit jeder Aufgabe bewusst wirst, kannst du besser entscheiden, worauf du deine Energie konzentrieren solltest.

- **Fokus auf Quadrant II:** Viele Menschen vernachlässigen Aufgaben in Quadrant II, weil sie nicht dringend sind. Doch gerade diese Aufgaben tragen maßgeblich zur persönlichen und beruflichen Entwicklung bei. Durch proaktives Handeln in diesem Quadranten vermeidest du, dass wichtige Aufgaben später zu dringenden Problemen werden.

- **Reduzierung von Zeitverschwendung:** Indem du Aktivitäten in Quadrant IV erkennst und eliminierst, gewinnst du Zeit für wichtigere Aufgaben.

- **Delegieren und Nein sagen:** Das Prinzip ermutigt dich, Aufgaben zu delegieren oder abzulehnen, die nicht zu deinen Hauptzielen beitragen, was die Überlastung reduziert.

Tipps für die praktische Umsetzung

- **Regelmäßige Überprüfung:** Nimm dir am Anfang jeder Woche oder jeden Tages Zeit, um deine Aufgaben nach der Eisenhower-Matrix zu sortieren.

- **Visualisierung:** Nutze ein physisches oder digitales Board, um die Matrix zu erstellen und Aufgaben sichtbar zu machen. Dies erhöht die Verbindlichkeit.

- **Flexibilität bewahren:** Sei bereit, Aufgaben neu zu bewerten und umzuschichten, wenn sich Prioritäten ändern.

- **Zeit für Quadrant-II-Aufgaben blockieren:** Plane feste Zeiten in deinem Kalender ein, um an wichtigen, aber nicht dringenden Aufgaben zu arbeiten.

- **Ablenkungen minimieren:** Erkenne Aufgaben in Quadrant IV und setze Grenzen, um dich nicht von ihnen ablenken zu lassen.

Integration in den Alltag

- **Beruflicher Kontext:** Im Arbeitsumfeld hilft das Eisenhower-Prinzip, Projekte effektiv zu managen, Deadlines einzuhalten und Überlastung zu vermeiden. Es fördert eine strategische Herangehensweise an Aufgaben und verbessert die Teamarbeit, indem klare Prioritäten gesetzt werden.

- **Privater Kontext:** Auch im persönlichen Leben kann die Matrix helfen, Zeit für Familie, Gesundheit und persönliche Interessen zu finden. Sie unterstützt dabei, ein ausgewogenes Leben zu führen und Burnout vorzubeugen.

Herausforderungen bei der Anwendung

- **Subjektive Einschätzung:** Manchmal ist es schwierig, die Wichtigkeit oder Dringlichkeit einer Aufgabe objektiv zu bewerten. Es kann hilfreich sein, Kriterien festzulegen oder Feedback von anderen einzuholen.

- **Disziplin erforderlich:** Die Umsetzung erfordert Selbstdisziplin und Ehrlichkeit gegenüber sich selbst. Es kann verlockend sein, unangenehme Aufgaben fälschlicherweise als unwichtig einzustufen.

- **Überlastung von Quadrant I:** Wenn zu viele Aufgaben in Quadrant I landen, ist das ein Zeichen dafür, dass wichtige Aufgaben nicht rechtzeitig in Quadrant II bearbeitet wurden. Dies erfordert eine Anpassung der Planung.

Zusammenfassung zum Eisenhower-Prinzip

Das Eisenhower-Prinzip ist ein effektives Werkzeug, um Prokrastination zu bekämpfen und die persönliche Effizienz zu steigern. Durch die klare Priorisierung von Aufgaben nach Wichtigkeit und Dringlichkeit können wir unsere Zeit und Energie optimal nutzen. Die Konzentration auf wichtige, aber nicht dringende Aufgaben ermöglicht es uns, langfristige Ziele zu erreichen und Stress durch Last-Minute-Arbeit zu vermeiden. Die Anwendung dieses Prinzips erfordert zwar anfängliche Anstrengung und Selbstreflexion, bietet aber einen hohen Mehrwert für ein produktives und erfülltes Leben.

Selbstreflexion: Anwendung des Eisenhower-Prinzips

- **Erstelle deine eigene Eisenhower-Matrix:** Nimm dir Zeit, deine aktuellen Aufgaben zu sammeln und sie in die vier Quadranten einzuordnen.

- **Analyse deiner Aufgabenverteilung:** Schaue dir an, in welchen Quadranten die meisten deiner Aufgaben liegen. Gibt es ein Ungleichgewicht?

- **Handlungsplan entwickeln:** Basierend auf deiner Matrix, plane konkrete Schritte, um wichtige Aufgaben anzugehen und unwichtige zu minimieren.

- **Reflexionsfragen:**

  o Finde ich genügend Zeit für Quadrant-II-Aufgaben, die für meine langfristigen Ziele wichtig sind?

  o Welche Aufgaben kann ich delegieren oder eliminieren, um meinen Fokus zu verbessern?

  o Wie kann ich meine Planung anpassen, um weniger dringende Krisen (Quadrant I) zu erleben?

Platz zur Beantwortung der Fragen:

____

____

____

____

____

Durch die regelmäßige Anwendung des Eisenhower-Prinzips kannst du nicht nur deine Prokrastination reduzieren, sondern auch ein bewussteres und effektiveres Zeitmanagement entwickeln. Es ist ein Schritt hin zu mehr Kontrolle über deine Aufgaben und letztlich über dein Leben.

Zeitdiebe identifizieren

Zeitdiebe sind Aktivitäten oder Gewohnheiten, die unbemerkt Zeit stehlen. Dazu gehören zum Beispiel:

- **Unnötige Meetings:** Besprechungen ohne klares Ziel oder Agenda.
- **Ständige Unterbrechungen:** Kollegen, die ohne Termin vorbeikommen, oder Anrufe ohne Dringlichkeit.
- **Perfektionismus:** Zu viel Zeit in Details investieren, die keinen wesentlichen Einfluss auf das Ergebnis haben.
- **Ineffiziente Arbeitsprozesse:** Mangelnde Automatisierung oder veraltete Methoden.

Unklare Ziele und fehlende Struktur

Die Bedeutung klarer Ziele

Ohne klare Ziele fehlt uns die Richtung, und wir laufen Gefahr, uns in unwichtigen Aufgaben zu verlieren. Wenn wir nicht genau wissen, was wir erreichen wollen oder warum eine bestimmte Aufgabe wichtig ist, fällt es schwer, die nötige Motivation aufzubringen. Dieses Fehlen von Klarheit kann direkt zur Prokrastination führen, da wir uns eher von unmittelbaren Ablenkungen verführen lassen und weniger in der Lage sind, Prioritäten zu setzen.

Wie bereits im Abschnitt über die Rolle von Ablenkungen im digitalen Zeitalter besprochen, sind wir permanent von Informationen, Benachrichtigungen und Unterhaltungsangeboten umgeben. Ohne klare Ziele lassen wir uns leichter von diesen Reizen ablenken, da wir keinen festen Fokus haben, der uns auf Kurs hält. Wenn wir nicht wissen, worauf wir hinarbeiten, erscheint es verlockender, Zeit in sozialen Medien zu verbringen oder sich von E-Mails und Nachrichten unterbrechen zu lassen.

Motivation durch Zielklarheit

Klare Ziele erhöhen unsere intrinsische Motivation. Wenn wir wissen, warum wir etwas tun, und den Zweck hinter unseren Handlungen erkennen, sind wir eher bereit, Anstrengungen zu unternehmen und Hindernisse zu überwinden. Ohne dieses "Warum" fehlt uns oft der Antrieb, besonders wenn die Aufgabe anspruchsvoll oder zeitaufwendig ist. Die Klarheit über unsere Ziele hilft uns auch dabei, den Wert unserer Arbeit zu sehen und uns weniger von kurzfristigen Vergnügungen ablenken zu lassen.

Beispiel für fehlende Zielklarheit: Stell dir vor, du weißt, dass du an einem Projekt arbeiten musst, hast aber kein klares Bild davon, was das Endergebnis sein soll. Vielleicht hast du nur vage Anweisungen erhalten oder dir selbst keine konkreten Ziele gesetzt. Dieses Unwissen führt dazu, dass du die Arbeit immer wieder aufschiebst, weil du nicht weißt, wo du anfangen sollst oder was genau zu tun ist. Die Unklarheit erzeugt Unbehagen und fördert die Prokrastination.

Struktur schaffen durch klare Ziele

Klare Ziele ermöglichen es uns, eine effektive Struktur für unsere Arbeit zu entwickeln. Sie helfen uns, große Aufgaben in kleinere, handhabbare Schritte zu unterteilen und einen realistischen Zeitplan zu erstellen. Dies steht in direktem Zusammenhang mit dem **Zeitmanagement** und der **Vermeidung von Task Switching**, das im vorherigen Abschnitt besprochen wurde. Wenn wir wissen, was zu tun ist, können wir unsere Aufgaben besser organisieren und uns auf eine Sache zur Zeit konzentrieren, anstatt zwischen verschiedenen Aktivitäten hin- und herzuspringen.

Ablenkungen reduzieren durch Fokussierung

Mit klaren Zielen können wir unsere Aufmerksamkeit gezielt auf das Wesentliche lenken. Wir sind weniger anfällig für Ablenkungen, weil wir einen konkreten Plan haben und wissen, was als Nächstes zu tun ist. Dies erleichtert es uns, Ablenkungen zu identifizieren und zu minimieren, sei es durch das Ausschalten von Benachrichtigungen oder das Schaffen einer störungsfreien Arbeitsumgebung.

Die SMART-Methode als Hilfsmittel

Die Anwendung der **SMART-Methode** bei der Zielsetzung kann dabei helfen, Ziele klar und erreichbar zu formulieren:

- **Spezifisch**: Definiere genau, was du erreichen möchtest.
- **Messbar**: Lege fest, wie du den Fortschritt und Erfolg messen kannst.
- **Attraktiv**: Stelle sicher, dass das Ziel für dich persönlich bedeutungsvoll ist.
- **Realistisch**: Setze Ziele, die erreichbar sind, basierend auf deinen Ressourcen und Einschränkungen.
- **Terminiert**: Bestimme einen klaren Zeitrahmen für die Zielerreichung.

Durch die SMART-Methode erhalten Ziele eine klare Struktur, die es erleichtert, Prioritäten zu setzen und den Fortschritt zu verfolgen.

Verbindung zur Eisenhower-Methode

Mit klaren, SMART formulierten Zielen können wir die Eisenhower-Matrix effektiver nutzen. Wir können Aufgaben besser einschätzen und ihnen den richtigen Quadranten zuordnen. Zum Beispiel:

- Eine Aufgabe, die direkt zu einem deiner Hauptziele beiträgt, ist sowohl wichtig als auch – je nach Deadline – möglicherweise dringend.
- Ohne klare Ziele könnten wir diese Aufgabe fälschlicherweise als weniger wichtig einstufen und sie zugunsten von dringenden, aber unwichtigen Aufgaben vernachlässigen.

Überwindung von Prokrastination durch Zielklarheit

Wenn wir unsere Ziele klar vor Augen haben, sind wir besser gerüstet, die Prokrastination zu überwinden. Wir können uns gezielt motivieren, weil wir den Zweck und den Nutzen unserer Handlungen verstehen. Klare Ziele helfen uns auch dabei, realistische Zeitpläne zu erstellen und Fortschritte zu erkennen, was wiederum das Gefühl der Überforderung reduziert und die Bereitschaft erhöht, aktiv zu werden.

Strategien zur Festlegung klarer Ziele

- **Selbstreflexion**: Nimm dir Zeit, um zu überlegen, was du wirklich erreichen möchtest. Frage dich, warum dieses Ziel für dich wichtig ist.
- **Aufschreiben**: Notiere deine Ziele schriftlich. Dies erhöht die Verbindlichkeit und ermöglicht es, sie regelmäßig zu überprüfen.
- **Visualisierung**: Stelle dir vor, wie es sein wird, dein Ziel zu erreichen. Dies kann die Motivation steigern und Klarheit schaffen.
- **Teilziele setzen:** Teile große Ziele in kleinere, erreichbare Schritte auf. Dies erleichtert den Einstieg und ermöglicht es, kontinuierliche Fortschritte zu machen.
- **Feedback einholen:** Sprich mit Kollegen, Freunden oder Mentoren über deine Ziele. Externes Feedback kann helfen, Ziele zu schärfen und neue Perspektiven zu gewinnen.

Klare Ziele sind der Schlüssel zur Überwindung von Prokrastination und zur Steigerung der persönlichen Produktivität. Sie geben uns Richtung, Motivation und ermöglichen es, Priorisierungsmethoden wie die Eisenhower-Matrix effektiv anzuwenden. Klare Ziele bieten einen Anker, der uns hilft, fokussiert zu bleiben und unsere Zeit sinnvoll zu nutzen. Indem wir uns aktiv mit unseren Zielen auseinandersetzen und sie klar definieren, schaffen wir die Grundlage für erfolgreiches Handeln und persönliche Zufriedenheit.

Selbstreflexion: Deine Ziele klären

- Was sind meine langfristigen Ziele im beruflichen und privaten Bereich?
- Warum sind diese Ziele für mich wichtig?
- Habe ich meine Ziele klar und spezifisch formuliert?
- Welche Schritte kann ich unternehmen, um meine Ziele zu erreichen?
- Wie kann ich meine täglichen Aufgaben mit meinen langfristigen Zielen in Einklang bringen?

Nimm dir Zeit, diese Fragen zu beantworten und deine Ziele zu definieren. Dies wird dir helfen, Ablenkungen zu widerstehen, effektive Prioritäten zu setzen und die Prokrastination zu überwinden.

Fragebögen

Um deine persönliche Situation besser einschätzen zu können, beantworte die folgenden Fragebögen ehrlich. Sie helfen dir dabei, Bereiche zu identifizieren, in denen du Verbesserungen vornehmen kannst.

Fragebogen 1: Digitale Ablenkungen

1. Wie oft unterbrichst du deine Arbeit, um auf dein Smartphone zu schauen?
   - [ ] Selten (weniger als einmal pro Stunde)
   - [ ] Gelegentlich (1-2 Mal pro Stunde)
   - [ ] Häufig (mehr als 3 Mal pro Stunde)

2. Fühlst du dich unruhig, wenn du längere Zeit keinen Zugang zu digitalen Medien hast?
   - [ ] Nein
   - [ ] Manchmal
   - [ ] Ja, oft

3. Wie sehr beeinflussen Benachrichtigungen deine Konzentration?
   - [ ] Gar nicht
   - [ ] Mäßig
   - [ ] Stark

4. Hast du feste Zeiten für die Nutzung von sozialen Medien oder E-Mails festgelegt?
   - [ ] Ja
   - [ ] Teilweise
   - [ ] Nein

5. Verlierst du oft die Zeit aus den Augen, wenn du im Internet surfst?
   - [ ] Nein
   - [ ] Manchmal
   - [ ] Ja, regelmäßig

Fragebogen 2: Zeitplanung und Prioritäten

1. Erstellst du täglich eine To-Do-Liste?
   - [ ] Ja, konsequent
   - [ ] Manchmal
   - [ ] Selten oder nie

2. Wie häufig verschiebst du Aufgaben auf den nächsten Tag?
   - [ ] Selten
   - [ ] Gelegentlich
   - [ ] Oft

3. Fühlst du dich am Ende des Tages oft unzufrieden mit dem, was du erreicht hast?
   - [ ] Nein
   - [ ] Manchmal
   - [ ] Ja, häufig

4. Wie gut kannst du zwischen wichtigen und unwichtigen Aufgaben unterscheiden?
   - [ ] Sehr gut
   - [ ] Durchschnittlich
   - [ ] Schwer

5. Planst du Pufferzeiten für unerwartete Ereignisse ein?
   - [ ] Ja
   - [ ] Manchmal
   - [ ] Nein

Fragebogen 3: Ziele und Struktur

1. Hast du deine langfristigen Ziele schriftlich festgehalten?
   - [ ] Ja
   - [ ] Teilweise
   - [ ] Nein

2. Kennst du die nächsten konkreten Schritte, um deine Ziele zu erreichen?
   - [ ] Ja
   - [ ] Teilweise
   - [ ] Nein

3. Wie oft fühlst du dich orientierungslos bei der Arbeit an Projekten?
   - [ ] Selten
   - [ ] Manchmal
   - [ ] Oft

4. Hast du feste Arbeitsroutinen etabliert?
   - [ ] Ja
   - [ ] Teilweise
   - [ ] Nein

5. Wie leicht fällt es dir, große Aufgaben in kleinere Schritte zu unterteilen?
   - [ ] Leicht
   - [ ] Mit etwas Mühe
   - [ ] Schwer

Auswertung

Zähle, wie oft du die Antworten in den Kategorien "Häufig", "Ja" oder "Schwer" gewählt hast. Eine höhere Anzahl in diesen Kategorien deutet darauf hin, dass in diesem Bereich Verbesserungsbedarf besteht.

- Digitale Ablenkungen: Wenn du hier hohe Werte hast, könnten Strategien zur Reduzierung digitaler Ablenkungen hilfreich sein.
- Zeitplanung und Prioritäten: Hohe Werte deuten darauf hin, dass du von effektiveren Zeitmanagement-Techniken profitieren könntest.
- Ziele und Struktur: Wenn du hier Schwierigkeiten hast, ist es wichtig, klare Ziele zu setzen und Strukturen zu schaffen.

Notizbereich für deine Erkenntnisse

Nutze den folgenden Raum, um deine Gedanken und Pläne festzuhalten:

- Welche Bereiche möchtest du verbessern?
- Welche Strategien könntest du anwenden?
- Was sind deine nächsten Schritte?

____

____

____

____

____

Fazit des Kapitels

Äußere Einflüsse wie digitale Ablenkungen und mangelnde Zeitmanagement-Fähigkeiten können erheblich zur Prokrastination beitragen. Indem du dir dieser Faktoren bewusst wirst und gezielte Strategien anwendest, kannst du deine Produktivität steigern und das Aufschieben reduzieren. Die Selbstreflexion durch die Fragebögen ermöglicht es dir, individuelle Herausforderungen zu identifizieren und konkrete Maßnahmen zu ergreifen. In den nächsten Kapiteln werden wir uns mit spezifischen Techniken und Methoden beschäftigen, die dir helfen, diese Herausforderungen zu meistern und deine Ziele effektiv zu erreichen.

Kapitel 3: Prokrastination im Berufsleben

Prokrastination macht vor dem Arbeitsplatz nicht Halt. Sie kann erhebliche Auswirkungen auf unsere Karriere und berufliche Entwicklung haben. In diesem Kapitel untersuchen wir, wie das Aufschieben die Karriere beeinflusst, wie es sich in Projekten und bei Deadlines bemerkbar macht und welche praktischen Techniken es gibt, um die Produktivität im Job zu steigern.

Wie Aufschieben die Karriere beeinflusst

Verringerte Leistungsfähigkeit und Produktivität

Prokrastination kann die individuelle Leistungsfähigkeit erheblich beeinträchtigen. Wenn wichtige Aufgaben und Projekte ständig aufgeschoben werden, führt dies zu einem Rückgang der Produktivität. Statt effizient zu arbeiten und Fortschritte zu erzielen, verbringen wir Zeit mit unwichtigen Tätigkeiten oder lassen uns von Ablenkungen vereinnahmen. Die anstehenden Aufgaben häufen sich an, was zu einem Gefühl der Überforderung führen kann. Dieses Gefühl kann wiederum die Motivation weiter senken und einen Teufelskreis auslösen, in dem immer weniger erreicht wird.

Auswirkungen auf die eigene Arbeit

Die ständige Verschiebung von Aufgaben bedeutet oft, dass weniger Zeit für die tatsächliche Erledigung bleibt. Dies kann dazu führen, dass Arbeiten unter Zeitdruck und Hektik abgeschlossen werden müssen, was die Qualität beeinträchtigt. Fehlerhäufigkeit steigt, und es bleibt keine Zeit für gründliche Überprüfung oder kreative Lösungen. Darüber hinaus kann das Wissen, wichtige Aufgaben unerledigt zu lassen, zu erhöhtem Stress und Angst führen, was die Konzentrationsfähigkeit und das allgemeine Wohlbefinden weiter beeinträchtigt.

Einfluss auf das Team und das Unternehmen

Die negativen Effekte der individuellen Prokrastination beschränken sich nicht auf die eigene Person. In einem Team oder Unternehmensumfeld sind die Aufgaben oft miteinander verknüpft. Wenn ein Teammitglied seine Arbeit nicht rechtzeitig erledigt, kann dies den gesamten Workflow stören. Projekte verzögern sich, was zusätzliche Kosten verursacht und Kundenbeziehungen belasten kann.

***Beispiel:** Stell dir vor, du arbeitest in einem Team, das gemeinsam ein neues Produkt entwickelt. Jeder von euch trägt Verantwortung für einen bestimmten Teil des Projekts. Wenn dann ein Teammitglied seine Aufgabe nicht rechtzeitig fertigstellt, geraten alle anderen ins Stocken: Du kannst mit deinem Part nicht weitermachen, deine Kollegen sind frustriert, und die verlorene Zeit muss aufgeholt werden. Dieses zusätzliche Pensum kann bedeuten, dass ihr Überstunden machen oder spontane Mehrarbeit übernehmen müsst, was das Arbeitsklima schnell belasten und zu Spannungen im Team führen kann.*

Auswirkungen auf das Arbeitsklima

Wenn Kollegen regelmäßig mehr Arbeit übernehmen müssen, weil jemand anderes prokrastiniert, kann dies zu Unmut und Ressentiments führen. Die betroffenen Mitarbeiter fühlen sich möglicherweise ausgenutzt oder unfair behandelt. Dies beeinträchtigt das Vertrauen und die Zusammenarbeit im Team. Ein schlechtes Arbeitsklima kann die Motivation aller Mitarbeiter senken und zu höherer Fluktuation führen, was dem Unternehmen langfristig schadet.

Langfristige Konsequenzen

Anhaltende Prokrastination kann zu einem negativen Ruf innerhalb des Unternehmens führen. Vorgesetzte und Kollegen nehmen wahr, wer zuverlässig ist und wer nicht. Dies kann Auswirkungen auf Beförderungen, Gehaltserhöhungen und die Zuweisung von interessanten Projekten haben. Im schlimmsten Fall kann es die Karrierechancen erheblich beeinträchtigen oder sogar zur Kündigung führen, wenn die Leistungserwartungen nicht erfüllt werden.

Verbindung zu Stress und Burnout

Die verminderte Leistungsfähigkeit durch Prokrastination erhöht den Stresspegel. Die ständige Sorge über unerledigte Aufgaben und drohende Deadlines kann zu chronischem Stress führen, der sich negativ auf die Gesundheit auswirkt. Langfristig erhöht sich das Risiko für Burnout, Depressionen und andere stressbedingte Erkrankungen. Dies beeinträchtigt nicht nur das Arbeitsleben, sondern auch das persönliche Wohlbefinden und die Lebensqualität.

Strategien zur Verbesserung der Leistungsfähigkeit

Um die Leistungsfähigkeit zu steigern und die negativen Auswirkungen von Prokrastination zu minimieren, können folgende Maßnahmen ergriffen werden:

a. **Effektives Zeitmanagement:** Nutze Techniken wie die Eisenhower-Matrix oder die Pomodoro-Methode (zu dieser kommen wir noch), um Aufgaben zu priorisieren und effizienter zu arbeiten.

b. **Klare Zielsetzung:** Setze dir realistische und messbare Ziele, um den Fokus zu behalten und die Motivation zu steigern.

c. **Ablenkungen minimieren:** Identifiziere persönliche Ablenkungsquellen und ergreife Maßnahmen, um diese zu reduzieren, beispielsweise durch das Ausschalten von Benachrichtigungen oder das Schaffen einer ruhigen Arbeitsumgebung.

d. **Kommunikation im Team:** Spreche offen mit deinem Team über Herausforderungen und suche gemeinsam nach Lösungen, um den Workflow zu optimieren.

e. **Selbstfürsorge:** Achte auf ausreichend Schlaf, Ernährung und Bewegung, um deine körperliche und geistige Leistungsfähigkeit zu unterstützen.

Prokrastination kann erhebliche negative Auswirkungen auf die individuelle Leistungsfähigkeit und Produktivität haben. Sie beeinträchtigt nicht nur die eigene Arbeit, sondern wirkt sich auch auf das Team und das Unternehmen aus. Durch bewusstes Gegensteuern und die Anwendung geeigneter Strategien können Sie Ihre Produktivität steigern, das Arbeitsklima positiv beeinflussen und deine Karrierechancen verbessern. Es ist wichtig, die Ursachen der Prokrastination zu erkennen und aktiv daran zu arbeiten, um langfristigen Erfolg und Zufriedenheit im Berufsleben zu erreichen.

Verpasste Chancen

Das ständige Aufschieben kann dazu führen, dass wichtige Gelegenheiten ungenutzt verstreichen. Sei es eine Beförderung, ein spannendes Projekt oder die Möglichkeit, neue Fähigkeiten zu erlernen – Prokrastination verhindert oft, dass wir diese Chancen ergreifen. Indem wir nicht rechtzeitig handeln, verpassen wir Möglichkeiten zur persönlichen und beruflichen Weiterentwicklung.

Übersehene Beförderungen und Karrierechancen

In vielen Unternehmen werden Beförderungen oder attraktive Positionen intern ausgeschrieben. Diese Möglichkeiten erfordern oft schnelles Handeln und die Bereitschaft, Verantwortung zu übernehmen. Prokrastination kann dazu führen, dass wir zögern, uns zu bewerben oder die Fristen verpassen.

Beispiel: Max arbeitet seit mehreren Jahren erfolgreich in der Marketingabteilung eines Unternehmens. Eine Teamleiterposition wird frei, und sein Vorgesetzter ermutigt ihn, sich zu bewerben. Max fühlt sich geehrt, aber auch unsicher. Anstatt die Bewerbungsunterlagen sofort vorzubereiten, schiebt er es vor sich her, weil er glaubt, noch genügend Zeit zu haben. Schließlich ist die Bewerbungsfrist abgelaufen, und ein anderer Kollege erhält die Stelle. Max erkennt, dass seine Prokrastination ihn eine wertvolle Chance gekostet hat, seine Karriere voranzutreiben.

Verpasste Teilnahme an wichtigen Projekten

Spannende Projekte bieten die Möglichkeit, neue Erfahrungen zu sammeln, Fähigkeiten zu erweitern und sich im Unternehmen zu profilieren. Wenn wir jedoch zögern, uns zu engagieren oder Anfragen aufzuschieben, können wir von diesen Projekten ausgeschlossen werden.

Beispiel: Lisa ist Softwareentwicklerin und hört von einem innovativen Projekt zur Entwicklung einer neuen App. Das Projektteam sucht noch Mitglieder mit ihren Fähigkeiten. Obwohl Lisa interessiert ist, zögert sie, den Projektleiter anzusprechen. Sie denkt, sie könnte später noch teilnehmen. Als sie sich schließlich meldet, ist das Team bereits komplett. Lisa hat eine Gelegenheit verpasst, an einem wegweisenden Projekt mitzuwirken und ihre Expertise einzubringen.

Nicht genutzte Weiterbildungsmöglichkeiten

Die Arbeitswelt verändert sich schnell und hier ist kontinuierliche Weiterbildung entscheidend. Unternehmen bieten oft Schulungen oder Workshops an, um die Fähigkeiten ihrer Mitarbeiter zu fördern. Prokrastination kann dazu führen, dass wir uns nicht rechtzeitig anmelden oder vorbereiten und somit diese Angebote verpassen.

Beispiel: Daniel erhält eine E-Mail von der Personalabteilung über ein bevorstehendes Seminar zu Führungskompetenzen. Er weiß, dass diese Fähigkeiten für seine angestrebte Führungsposition wichtig sind. Doch er schiebt die Anmeldung auf und beschäftigt sich mit alltäglichen Aufgaben. Als er sich schließlich anmelden will, sind alle Plätze vergeben. Daniel hat eine wichtige Gelegenheit verpasst, sich weiterzuentwickeln.

Verminderte Netzwerkbildung

Berufliche Netzwerke sind ein wichtiger Faktor für den Erfolg. Durch Prokrastination können wir Gelegenheiten verpassen, wertvolle Kontakte zu knüpfen, etwa auf Konferenzen, Messen oder Networking-Events.

Beispiel: Sofia wird zu einer Branchenkonferenz eingeladen, auf der sie potenzielle Kunden und Partner treffen könnte. Sie plant, daran teilzunehmen, aber sie zögert mit der Anmeldung und der Buchung der Reise. Letztendlich entscheidet sie sich zu spät, und die Veranstaltung ist ausgebucht. Ihre Kollegen, die teilgenommen haben, berichten von neuen Geschäftsmöglichkeiten und Kontakten. Sofia erkennt, dass sie eine wichtige Chance verpasst hat, ihr Netzwerk zu erweitern.

Eingeschränkte persönliche Entwicklung

Prokrastination kann auch unsere persönliche Entwicklung hemmen. Indem wir Herausforderungen meiden oder Entscheidungen aufschieben, entgehen uns Erfahrungen, die uns wachsen lassen.

Langfristige Auswirkungen

Das wiederholte Verpassen von Chancen kann zu einem Gefühl der Stagnation führen. Wir sehen, wie Kollegen vorankommen, während wir selbst auf der Stelle treten. Dies kann Frustration und Unzufriedenheit hervorrufen, die Motivation sinkt, und die Neigung zur weiteren Prokrastination steigt.

Verbindung zur Karriereentwicklung

a. Reputation im Unternehmen: Wenn Vorgesetzte merken, dass wir regelmäßig Chancen verstreichen lassen, könnten sie an unserem Engagement oder unserer Motivation zweifeln.

b. Fehlende Anerkennung: Ohne aktive Teilnahme an Projekten oder Weiterbildungen erhalten wir weniger Anerkennung und Feedback, was unsere Sichtbarkeit im Unternehmen mindert.

c. Weniger Einfluss: Wer nicht aktiv handelt, hat weniger Gelegenheit, Ideen einzubringen und Einfluss auf Entscheidungen zu nehmen.

Strategien zur Nutzung von Chancen

d. Bewusstsein schaffen: Erkenne, wann du dazu neigst, Chancen aufzuschieben, und reflektiere die Gründe dafür.

e. Prioritäten setzen: Bewerte die Bedeutung von Möglichkeiten für deine Karriere und setze entsprechende Prioritäten.

f. Zeitmanagement verbessern: Plane feste Zeiten für die Bearbeitung von Bewerbungen, Anmeldungen oder Vorbereitungen ein.

g. Entscheidungsfreude fördern: Übe, schneller Entscheidungen zu treffen, indem du Vor- und Nachteile abwägst und dir klare Ziele setzt.

h. Unterstützung suchen: Spreche mit Mentoren oder Kollegen über deine Ziele und bitte sie um Ermutigung oder Ratschläge.

i. Positive Einstellung entwickeln: Betrachte neue Chancen als Möglichkeiten zum Wachstum, nicht als potenzielle Risiken.

Konkrete Tipps

j. Setze dir Fristen: Lege eigene, frühere Deadlines fest, um Pufferzeiten zu haben.

k. Erstelle eine Chancenliste: Notiere alle aktuellen Möglichkeiten und verfolge den Fortschritt bei deren Umsetzung.

l. Belohne dich: Feiere kleine Erfolge, wenn du eine Chance ergriffen hast, um positive Verstärkung zu erhalten.

m. Visualisiere die Vorteile: Stelle dir vor, welche positiven Auswirkungen die Nutzung einer Chance auf deine Karriere haben kann.

Prokrastination kann dazu führen, dass wir wertvolle Chancen in unserem Berufsleben verpassen. Diese verpassten Gelegenheiten können unsere Karriereentwicklung hemmen und zu Frustration führen. Indem wir uns aktiv bemühen, das Aufschieben zu überwinden, können wir Möglichkeiten nutzen, die uns voranbringen. Es erfordert Bewusstsein, Planung und den Mut, Entscheidungen zu treffen. Die Überwindung der Prokrastination in diesem Bereich kann nicht nur zu beruflichem Erfolg, sondern auch zu persönlicher Zufriedenheit und Wachstum führen.

Selbstreflexion:

- Welche Chancen habe ich in der Vergangenheit verpasst, und warum?

- Wie fühle ich mich, wenn ich sehe, dass andere diese Chancen genutzt haben?

- Was kann ich tun, um zukünftig schneller zu handeln und Möglichkeiten zu ergreifen?

- Welche konkreten Schritte werde ich unternehmen, um meine Prokrastination in diesem Bereich zu überwinden?

Durch die Auseinandersetzung mit diesen Fragen kannst du beginnen, Muster zu erkennen und gezielt daran zu arbeiten, Chancen nicht mehr ungenutzt verstreichen zu lassen. Dies wird dir helfen, deine beruflichen Ziele zu erreichen und ein erfüllteres Arbeitsleben zu führen.

Negative Wahrnehmung durch Kollegen und Vorgesetzte

Kollegen und Vorgesetzte nehmen unser Verhalten wahr. Wenn wir ständig Deadlines verpassen oder Aufgaben nicht rechtzeitig erledigen, kann dies das Vertrauen in unsere Fähigkeiten und Zuverlässigkeit untergraben. Dies kann langfristig die Karrierechancen beeinträchtigen und zu einem schlechten Arbeitsklima führen. Eine negative Wahrnehmung kann sich in schlechteren Leistungsbewertungen, geringerer Verantwortungsübertragung oder sogar in der Gefährdung des Arbeitsplatzes äußern.

Beispiel: Laura arbeitet im Vertrieb und ist dafür verantwortlich, monatliche Verkaufsberichte zu erstellen. Sie neigt dazu, diese Aufgabe bis zur letzten Minute aufzuschieben. Oft liefert sie die Berichte verspätet ab, was dazu führt, dass das Management nicht rechtzeitig auf Marktveränderungen reagieren kann. Ihr Vorgesetzter beginnt, an ihrer Zuverlässigkeit zu zweifeln. In Meetings wird sie seltener nach ihrer Meinung gefragt, und wichtige Kundenkontakte werden an andere Kollegen übergeben. Ihre Kollegen sind genervt, weil sie zusätzliche Arbeit leisten müssen, um Lauras Versäumnisse auszugleichen. Bei der jährlichen Leistungsbewertung erhält sie negative Rückmeldungen, was ihre Motivation weiter senkt. Laura merkt, dass ihre Karriere stagniert und sie weniger Anerkennung erhält.

Geringeres Selbstvertrauen

Wenn wir sehen, dass wir unsere Ziele nicht erreichen und ständig hinterherhinken, kann dies unser Selbstvertrauen untergraben. Ein geringes Selbstvertrauen kann die Angst vor Versagen verstärken, was wiederum zu mehr Prokrastination führt. Dieser Teufelskreis kann die persönliche Entwicklung hemmen und dazu führen, dass wir uns neuen Herausforderungen nicht mehr stellen.

Beispiel: Sarah ist Junior-Anwältin in einer Kanzlei und träumt davon, Partnerin zu werden. Sie muss regelmäßig Fachartikel schreiben, um sich in der Branche einen Namen zu machen. Doch sie zweifelt an ihren Fähigkeiten und verschiebt das Schreiben immer wieder. Je länger sie wartet, desto mehr wächst ihre Unsicherheit. Sie sieht, wie Kollegen veröffentlicht werden und Anerkennung erhalten. Ihr eigenes Nichtstun bestätigt ihre negativen Selbstzweifel. Als ihr schließlich ein wichtiges Mandat angeboten wird, lehnt sie ab, weil sie glaubt, den Anforderungen nicht gewachsen zu sein. Ihre Karriere stagniert, und sie fühlt sich in ihrer Position gefangen.

Diese Beispiele illustrieren, wie Prokrastination im Berufsleben vielfältige negative Auswirkungen haben kann. Sie zeigen, dass das Aufschieben nicht nur persönliche Konsequenzen hat, sondern auch das Umfeld und die berufliche Zukunft beeinflusst. Es ist wichtig, diese Muster zu erkennen und aktiv dagegen vorzugehen, um sowohl das eigene Wohlbefinden als auch die berufliche Entwicklung zu fördern.

Exkurs: Stress und Burnout

Das ständige Aufschieben von Aufgaben führt oft zu Last-Minute-Arbeit und erhöhtem Stress. Dieser chronische Stress kann langfristig zu Burnout führen und die Gesundheit beeinträchtigen. Darüber hinaus kann er die Arbeitszufriedenheit verringern und die Motivation weiter senken, was wiederum die Prokrastination verstärkt. Ein Teufelskreis entsteht, der schwer zu durchbrechen ist und sowohl die berufliche als auch die persönliche Lebensqualität beeinträchtigt.

Im Folgenden möchte ich einen tieferen Einblick in die Themen **Stress** und **Burnout** geben, indem ich Definitionen, Symptome und Behandlungsmöglichkeiten erläutere.

Stress

Definition von Stress

Stress ist eine natürliche Reaktion des Körpers auf Anforderungen oder Belastungen, die als Stressoren bezeichnet werden. Diese können physischer, emotionaler oder sozialer Natur sein. Stress aktiviert das autonome Nervensystem und führt zur Ausschüttung von Stresshormonen wie Adrenalin und Cortisol. Kurzfristig kann Stress die Leistungsfähigkeit steigern, doch chronischer Stress kann negative Auswirkungen auf Körper und Geist haben.

Symptome von Stress

Stress äußert sich in einer Vielzahl von körperlichen, emotionalen und verhaltensbezogenen Symptomen:

Körperliche Symptome:
- Kopfschmerzen oder Migräne
- Muskelverspannungen und Schmerzen
- Erhöhter Herzschlag und Blutdruck
- Magen-Darm-Beschwerden wie Übelkeit oder Durchfall
- Schlafstörungen
- Schwächung des Immunsystems, häufige Infekte

Emotionale Symptome:
- Reizbarkeit und Ungeduld
- Gefühl der Überforderung
- Angst und Nervosität
- Stimmungsschwankungen
- Vermindertes Selbstwertgefühl

Verhaltensbezogene Symptome:
- Prokrastination und Aufschieben von Aufgaben
- Rückzug von sozialen Aktivitäten
- Veränderungen im Essverhalten
- Erhöhter Konsum von Alkohol oder Nikotin
- Vernachlässigung von Hobbys und Interessen

Behandlungsmöglichkeiten für Stress

Die Bewältigung von Stress erfordert einen ganzheitlichen Ansatz:

1. **Stressmanagement-Techniken:**
   a. Entspannungsverfahren: Progressive Muskelentspannung, Atemübungen, Meditation oder Yoga können helfen, körperliche Anspannung zu reduzieren.
   b. Achtsamkeit und Mindfulness: Bewusstes Erleben des Moments kann helfen, Stressreaktionen zu mindern.
   c. Zeitmanagement: Priorisierung von Aufgaben und realistische Zielsetzungen reduzieren das Gefühl der Überforderung.

2. **Lebensstiländerungen:**

   a. Körperliche Aktivität: Regelmäßiger Sport fördert den Abbau von Stresshormonen und stärkt das Wohlbefinden.
   b. Gesunde Ernährung: Ausgewogene Mahlzeiten unterstützen den Körper in stressigen Zeiten.
   c. Ausreichender Schlaf: Regeneration durch Schlaf ist essenziell für die Stressbewältigung.

3.   **Soziale Unterstützung:**

   a. Gespräche mit Freunden und Familie: Der Austausch über Sorgen kann
      entlastend wirken.
   b. Professionelle Hilfe: Bei anhaltendem Stress kann eine Beratung durch
      Psychologen oder Therapeuten sinnvoll sein.

4.   **Arbeitsplatzbezogene Maßnahmen:**

   a. Pausen einlegen: Regelmäßige Erholungsphasen während der Arbeit
      fördern die Konzentration.
   b. Aufgaben delegieren: Übernahme von Verantwortung durch Kollegen kann
      die eigene Belastung reduzieren.

Burnout

Definition von Burnout

Burnout ist ein Zustand emotionaler, körperlicher und mentaler Erschöpfung, der durch
langanhaltenden Stress und Überforderung entsteht. Die Weltgesundheitsorganisation
(WHO) definiert Burnout als Syndrom aufgrund von chronischem Stress am
Arbeitsplatz, der nicht erfolgreich bewältigt wurde.

Symptome von Burnout

Burnout zeigt sich durch eine Kombination verschiedener Symptome:

Emotionale Erschöpfung:
- Tiefe Müdigkeit und Energieverlust
- Gefühl von Leere und Ausgebranntsein
- Verminderte Belastbarkeit

Depersonalisierung und Zynismus:
- Gleichgültigkeit gegenüber der Arbeit
- Negative oder zynische Haltung gegenüber Kollegen oder Kunden
- Rückzug aus sozialen Kontakten

Reduziertes persönliches Leistungsgefühl:
- Zweifel an den eigenen Fähigkeiten
- Gefühl von Ineffektivität
- Mangelnde Freude an Erfolgen

Körperliche Symptome:
- Chronische Kopfschmerzen
- Schlafstörungen
- Häufige Infektionen durch geschwächtes Immunsystem

Behandlungsmöglichkeiten für Burnout

Die Behandlung von Burnout erfordert oft professionelle Unterstützung:

1) Psychotherapeutische Interventionen:
   a) Kognitive Verhaltenstherapie (KVT): Hilft, negative Denkmuster zu erkennen und zu verändern.
   b) Gesprächstherapie: Bietet Raum, Emotionen auszudrücken und Strategien zur Bewältigung zu entwickeln.

2) Medizinische Maßnahmen:
   a) Ärztliche Betreuung: Untersuchung auf körperliche Begleiterkrankungen.
   b) Medikation: In manchen Fällen können Medikamente wie Antidepressiva verordnet werden.

3) Anpassungen im Arbeitsumfeld:
   a) Arbeitsbelastung reduzieren: Temporäre Reduzierung der Arbeitszeit oder Aufgaben.
   b) Klärung von Rollen und Erwartungen: Offene Kommunikation mit Vorgesetzten über Arbeitsanforderungen.

4) Selbstfürsorge und Regeneration:
   a) Auszeiten nehmen: Urlaub oder Sabbaticals können zur Erholung beitragen.
   b) Hobbies wiederaufleben lassen: Aktivitäten, die Freude bereiten, fördern die Genesung.

5) Präventive Strategien:
   a) Work-Life-Balance herstellen: Ausgleich zwischen Arbeit und Privatleben finden.
   b) Stressbewältigungstechniken erlernen: Langfristige Methoden zur Stressreduktion integrieren.
   c) Netzwerk aufbauen: Unterstützung durch Freunde, Familie und Kollegen suchen.

Bedeutung für die Prokrastination

Stress und Burnout sind ernstzunehmende Zustände, die sowohl die Gesundheit als auch die Leistungsfähigkeit beeinträchtigen können. Prokrastination kann dabei eine doppelte Rolle spielen:

- Als Ursache: Chronisches Aufschieben führt zu erhöhtem Stress, da Aufgaben sich anhäufen und der Druck steigt.
- Als Symptom: Menschen, die unter Stress oder Burnout leiden, haben oft nicht die Energie oder Motivation, Aufgaben anzugehen, was zu weiterer Prokrastination führt.

Es ist wichtig, frühzeitig Anzeichen von Stress und Burnout zu erkennen und geeignete Maßnahmen zu ergreifen. Die Integration von Stressbewältigungstechniken und Selbstfürsorge in den Alltag kann helfen, den Teufelskreis zu durchbrechen und die Lebensqualität zu verbessern.

Hinweis: Bei anhaltendem Stress oder dem Verdacht auf Burnout ist es ratsam, professionelle Hilfe in Anspruch zu nehmen. Psychologen, Therapeuten oder Ärzte können individuelle Unterstützung bieten und gemeinsam mit dir Wege zur Besserung finden.

Beispiel: Thomas ist Lehrer und muss für seine Klasse Unterrichtspläne und Prüfungen vorbereiten. Er schiebt diese Aufgaben häufig auf und verbringt seine Abende mit Fernsehen oder im Internet. Wenn Prüfungen anstehen, gerät er unter extremem Zeitdruck und arbeitet bis spät in die Nacht, um alles vorzubereiten. Der Schlafmangel und der ständige Stress wirken sich negativ auf seine Gesundheit aus. Er fühlt sich erschöpft, ist häufig krank und verliert die Freude an seiner Arbeit. Seine Unterrichtsqualität leidet, und die Schüler bemerken seine Unzufriedenheit. Schließlich diagnostiziert sein Arzt ein Burnout-Syndrom. Thomas muss sich krankschreiben lassen und verpasst wichtige Monate im Schuljahr, was sowohl ihn als auch seine Schüler zurückwirft.

Ende Exkurs

Projekte, Deadlines und der Teufelskreis des Aufschiebens

Der Druck von Deadlines

Deadlines sind in der Arbeitswelt allgegenwärtig und sollen helfen, Projekte termingerecht abzuschließen. Für Prokrastinierer können sie jedoch zu einer zusätzlichen Quelle von Stress und Angst werden. Das Wissen um eine nahende Deadline kann lähmend wirken, insbesondere wenn die Arbeit umfangreich ist und bisher wenig Fortschritt erzielt wurde. Dieser Druck kann dazu führen, dass Aufgaben weiter aufgeschoben werden, anstatt sie anzupacken.

Der Teufelskreis des Aufschiebens

Der Teufelskreis beginnt oft damit, dass eine Aufgabe als unangenehm oder überwältigend empfunden wird. Aus diesem Grund wird sie aufgeschoben, was kurzfristig Erleichterung verschafft. Mit der Zeit wächst jedoch der Druck, und die Aufgabe erscheint noch größer und unüberwindbarer. Dieser erhöhte Stress kann zu weiterem Aufschieben führen, bis schließlich in letzter Minute gearbeitet wird, was die Qualität der Arbeit beeinträchtigen kann.

Auswirkungen auf Teamarbeit

In vielen Berufen ist die Arbeit im Team unerlässlich. Wenn ein Teammitglied prokrastiniert, kann dies den Fortschritt des gesamten Teams behindern. Deadlines werden verpasst, andere Teammitglieder müssen möglicherweise zusätzliche Arbeit übernehmen, und die Gesamtleistung leidet darunter. Dies kann zu Spannungen und Konflikten innerhalb des Teams führen und das Vertrauen untereinander beeinträchtigen.

Qualitätsverlust

Das Arbeiten unter hohem Zeitdruck aufgrund von Prokrastination führt oft zu Fehlern und mindert die Qualität der Arbeit. Es bleibt weniger Zeit für Überprüfungen, Korrekturen und kreative Lösungen. Dies kann nicht nur das aktuelle Projekt gefährden, sondern auch das Ansehen des Mitarbeiters und des Unternehmens schädigen. Kundenunzufriedenheit und finanzielle Verluste können die Folge sein.

Verstärkung durch negative Emotionen

Das Aufschieben führt oft zu Schuldgefühlen und Selbstkritik. Diese negativen Emotionen können die Motivation weiter senken und das Selbstvertrauen untergraben. Anstatt motiviert zu sein, die Aufgabe endlich anzugehen, fühlen sich Prokrastinierer oft überfordert und gefangen, was den Teufelskreis aufrechterhält. Dieses emotionale Gewicht kann die mentale Gesundheit beeinträchtigen und die Arbeitsfähigkeit weiter reduzieren.

Was ist, wenn ein Teammitglied prokrastiniert?

Es kann ja auch der Fall eintreten, dass du nicht selbst betroffen bist - vielleicht prokrastiniert ein Kollege. Wenn du bemerkst, dass ein Teammitglied prokrastiniert, ist es wichtig, einfühlsam und unterstützend zu handeln. Hier sind Schritte, die du unternehmen kannst, um deinem Kollegen zu helfen:

1. Offenes und vertrauensvolles Gespräch führen

- Privates Gespräch suchen: Wähle einen passenden Moment für ein Vier-Augen-Gespräch.
- Nicht verurteilend sein: Vermeide Vorwürfe oder Schuldzuweisungen. Formuliere deine Beobachtungen sachlich.
- Empathie zeigen: Drücke dein Verständnis aus und signalisiere, dass du helfen möchtest.

2. Klare Ziele und Erwartungen setzen

- Aufgaben präzisieren: Stelle sicher, dass die Aufgabenstellung klar und verständlich ist.
- Realistische Deadlines vereinbaren: Setzt gemeinsam erreichbare Zeitrahmen für Aufgaben.
- Prioritäten setzen: Hilf dabei, wichtige von weniger wichtigen Aufgaben zu unterscheiden, zum Beispiel mit der Eisenhower-Matrix.

3. Unterstützung und Ressourcen anbieten

- Hilfsmittel bereitstellen: Biete Werkzeuge oder Trainings an, die bei der Aufgabenbewältigung helfen.
- Teamarbeit fördern: Ermögliche Zusammenarbeit mit anderen Kollegen, um Motivation und Unterstützung zu bieten.
- Mentoring anbieten: Eine erfahrene Person kann als Mentor wertvolle Hilfe leisten.

4. Zeitmanagement-Techniken vermitteln

- Pomodoro-Technik erklären: Kurze, fokussierte Arbeitsphasen können die Produktivität steigern.
- To-Do-Listen erstellen: Das schriftliche Festhalten von Aufgaben kann Struktur geben.
- Zeitblöcke planen: Hilf dabei, den Tag in produktive Abschnitte einzuteilen.

5. Regelmäßige Check-ins vereinbaren

- Feedback-Runden: Biete regelmäßige Gespräche an, um Fortschritte zu besprechen.
- Offene Kommunikation fördern: Ermutige dazu, bei Schwierigkeiten frühzeitig das Gespräch zu suchen.

6. Positive Verstärkung einsetzen

- Erfolge anerkennen: Lob und Anerkennung für erreichte Meilensteine steigern die Motivation.
- Konstruktives Feedback geben: Betone Fortschritte und gib hilfreiche Anregungen.

7. Stressmanagement unterstützen

- Stressoren identifizieren: Hilf dabei, Stressquellen zu erkennen und zu reduzieren.
- Work-Life-Balance achten: Ermutige zu Pausen und einem gesunden Ausgleich zwischen Arbeit und Freizeit.

8. Professionelle Hilfe in Betracht ziehen

- Weiterbildungsmöglichkeiten: Weise auf Workshops oder Seminare zum Thema Prokrastination hin.
- Coaching anbieten: Bei tieferliegenden Problemen kann ein professioneller Coach hilfreich sein.

9. Verständnis und Geduld zeigen

- Empathie bewahren: Jeder hat Phasen, in denen es nicht optimal läuft.
- Vertraulichkeit zusichern: Stelle sicher, dass das Gespräch und geteilte Informationen vertraulich bleiben.

Wichtige Hinweise:

- Respektvolle Haltung: Behandle das Thema sensibel und vermeide es, Druck aufzubauen.
- Individuelle Lösungen finden: Was für den einen funktioniert, muss nicht für den anderen passen.
- Eigene Grenzen erkennen: Als Kollege kannst du unterstützen, aber nicht alle Probleme lösen. Bei ernsthaften Schwierigkeiten sollte professionelle Hilfe in Anspruch genommen werden.

Die Unterstützung eines prokrastinierenden Teammitglieds erfordert Empathie, Geduld und klare Kommunikation. Indem du hilfst, Hindernisse zu überwinden und Motivation aufzubauen, trägst du nicht nur zum Erfolg des Einzelnen bei, sondern förderst auch ein positives und produktives Arbeitsklima im gesamten Team.

Praktische Techniken für mehr Produktivität im Job

Um Prokrastination im Berufsleben zu überwinden und die Produktivität zu steigern, gibt es eine Reihe von bewährten Techniken:

1. Priorisierung mit der ABC-Methode

Die ABC-Methode hilft dabei, Aufgaben nach ihrer Wichtigkeit zu kategorisieren:

- A-Aufgaben: Sehr wichtig und dringend. Diese Aufgaben haben höchste Priorität und sollten sofort erledigt werden.
- B-Aufgaben: Wichtig, aber nicht dringend. Sie sollten geplant und zeitnah erledigt werden.
- C-Aufgaben: Weder wichtig noch dringend. Diese können delegiert oder minimiert werden.

Durch die Priorisierung kannst du dich auf die wichtigsten Aufgaben konzentrieren und vermeiden, Zeit mit unwichtigen Tätigkeiten zu verschwenden. Die Verbindung zur **Eisenhower-Matrix** ist hier deutlich, da beide Methoden helfen, Dringlichkeit und Wichtigkeit zu bewerten.

2. Die Pomodoro-Technik anwenden

Die **Pomodoro-Technik -** eine effektive Methode, um die Konzentration zu steigern:

- Arbeite 25 Minuten konzentriert an einer Aufgabe.
- Mache eine 5-minütige Pause.
- Nach **vier Pomodoro-Einheiten** gönne dir eine längere Pause von 15–30 Minuten.

Diese Struktur hilft, Ablenkungen zu minimieren und die Arbeit in überschaubare Abschnitte zu unterteilen. Sie fördert das Monotasking und reduziert das Task Switching, indem sie klare Zeitblöcke für einzelne Aufgaben schafft.

3. Große Projekte in kleinere Schritte unterteilen

Große Aufgaben können überwältigend wirken. Indem du sie in kleinere, machbare Schritte aufteilst, erscheint die Arbeit weniger einschüchternd. Setze dir für jeden Schritt realistische Ziele und feiere kleine Erfolge, um die Motivation aufrechtzuerhalten. Dies steht in Verbindung mit der "Bedeutung klarer Ziele" und hilft, die Struktur zu schaffen, die zur Überwindung von Prokrastination notwendig ist.

4. Zeitmanagement-Tools nutzen

Es gibt zahlreiche digitale Tools, die beim Zeitmanagement helfen:

- Projektmanagement-Software wie Trello oder Asana zur Organisation von Aufgaben und Projekten.
- Kalender-Apps zur Planung von Terminen und Deadlines.
- Zeittracking-Tools wie Toggl, um deinen eigenen Zeitaufwand zu überwachen und ineffiziente Arbeitsmuster zu erkennen.

Diese Tools unterstützen dabei, Ablenkungen zu reduzieren und einen klaren Überblick über anstehende Aufgaben zu behalten.

5. Ablenkungen minimieren

Identifiziere deine persönlichen Ablenkungen und ergreife Maßnahmen, um sie zu reduzieren:

- Schalte Benachrichtigungen auf deinem Smartphone und Computer aus.
- Nutze Apps, die den Zugriff auf bestimmte Websites während der Arbeitszeit blockieren.
- Schaffe eine ruhige Arbeitsumgebung oder nutze, wenn möglich, Noise-Cancelling-Kopfhörer.

Durch die Minimierung von Ablenkungen kannst du deine Konzentration erhöhen und effizienter arbeiten, was die Wahrscheinlichkeit von Prokrastination verringert.

6. Regelmäßige Pausen einplanen

Überarbeitung kann die Produktivität senken. Plane regelmäßige Pausen ein, um dich zu erholen und neue Energie zu tanken. Kurze Spaziergänge oder Dehnübungen können helfen, den Kopf frei zu bekommen und die Kreativität zu fördern.

7. Klare Ziele setzen

Setze dir klare, spezifische Ziele für deine Arbeit. Nutze die SMART-Methode, um sicherzustellen, dass deine Ziele erreichbar und messbar sind. Klare Ziele erhöhen die Motivation und geben dir eine klare Richtung, was die Prokrastination reduziert.

8. Einen Accountability-Partner suchen

Teile deine Ziele und Deadlines mit Kollegen oder Freunden. Ein Accountability-Partner kann dich motivieren und dabei helfen, auf Kurs zu bleiben. Regelmäßige Check-ins fördern die Verbindlichkeit und können das Aufschieben reduzieren.

9. Positive Gewohnheiten entwickeln

Integriere Routinen in deinen Arbeitsalltag, die die Produktivität fördern:

- Eat-the-Frog-Methode: Beginne den Tag mit der wichtigsten oder unangenehmsten Aufgabe.
- Tagesplanung: Überprüfe am Ende des Tages deine Fortschritte und plane den nächsten Tag.
- Morgenrituale: Entwickle Rituale, die dich auf den Arbeitstag vorbereiten und deine Energie steigern.

Diese Gewohnheiten helfen, einen strukturierten und fokussierten Arbeitsalltag zu gestalten.

10. Selbstfürsorge und Stressmanagement

Achte auf ausreichend Schlaf, eine gesunde Ernährung und regelmäßige Bewegung. Ein gesunder Lebensstil verbessert die Konzentrationsfähigkeit und reduziert Stress, was wiederum die Neigung zur Prokrastination verringern kann. Techniken wie Meditation oder Achtsamkeitsübungen können zusätzlich helfen, mentale Klarheit zu fördern.

Bitte nicht alles auf einmal!

Prokrastination im Berufsleben kann erhebliche negative Auswirkungen auf die Karriere und das persönliche Wohlbefinden haben. Durch das Verständnis der Ursachen und die Anwendung praktischer Techniken kannst du das Aufschieben überwinden und deine Produktivität steigern. Indem du Prioritäten setzt, Ablenkungen minimierst und positive Gewohnheiten entwickelst, schaffst du die Grundlage für beruflichen Erfolg und Zufriedenheit.

Wenn dir nun der Kopf schwirrt vor lauter Möglichkeiten, die du nutzen kannst, dann atme einmal tief durch. Die Vorschläge sind und bleiben Vorschläge. Picke dir Themen heraus, die dich ansprechen und dir leicht fallen. Mach einen Schritt nach dem anderen. Sonst fühlst du dich gleich wieder überfordert und das will ich natürlich nicht bezwecken. Lies das Kapitel gerne mehrmals. Probiere aus. Wenn dir etwas nicht gefällt, lass es weg und versuche eine andere Methode. Das Wichtigste ist: fange an! Egal mit was.

Selbstreflexion nach Kapitel 3: Prokrastination im Berufsleben

Nimm dir einen Moment Zeit, um über deine eigene Arbeitssituation nachzudenken:

1. Wie beeinflusst Prokrastination deine Karriere bisher?
2. Hast du Chancen verpasst oder Stress erlebt, weil du Aufgaben aufgeschoben hast?
3. Welche äußeren Ablenkungen beeinträchtigen deine Produktivität am meisten?
4. Identifiziere spezifische Faktoren und überlege, wie du diese reduzieren kannst.
5. Welche der vorgestellten Techniken könntest du in deinen Arbeitsalltag integrieren?
6. Wähle zwei oder drei Methoden aus und plane, wie du diese umsetzen wirst.
7. Setze dir ein konkretes Ziel für die nächste Woche:
   Formuliere dieses Ziel nach der SMART-Methode und lege fest, welche Schritte du unternehmen wirst, um es zu erreichen.

Notizbereich für deine Gedanken:

____

____

____

____

____

Durch die aktive Auseinandersetzung mit diesen Fragen kannst du beginnen, Veränderungen vorzunehmen, die deine Produktivität erhöhen und Prokrastination reduzieren. Im nächsten Kapitel werden wir uns darauf konzentrieren, wie Prokrastination im privaten Leben überwunden werden kann und welche Strategien dabei helfen.

Kapitel 4: Prokrastination im privaten Leben

Prokrastination ist nicht nur ein Phänomen, das sich auf das Berufsleben beschränkt; sie kann ebenso tiefgreifende Auswirkungen auf unser privates Leben haben. Im privaten Bereich kann das Aufschieben von Aufgaben und Entscheidungen unsere persönlichen Ziele beeinträchtigen, Beziehungen belasten und unser Selbstwertgefühl mindern. In diesem Kapitel untersuchen wir, wie Prokrastination verschiedene Aspekte des privaten Lebens beeinflusst und welche Strategien helfen können, die Aufschieberitis im Alltag zu überwinden.

Persönliche Ziele und Vorhaben, die auf der Strecke bleiben

Das Verpassen persönlicher Meilensteine

Unsere persönlichen Ziele und Vorhaben sind oft der Motor für Zufriedenheit und Selbstverwirklichung. Selbstverwirklichung bedeutet, das eigene Potenzial voll auszuschöpfen und die individuellen Fähigkeiten, Talente und Interessen zu entfalten. Es ist der Prozess, bei dem wir unsere wahren Bedürfnisse erkennen und danach streben, sie zu erfüllen. Durch Selbstverwirklichung leben wir authentisch und im Einklang mit uns selbst, was zu einem tiefen Gefühl von Erfüllung und Glück führt.

Der Sinn im Leben spielt dabei eine entscheidende Rolle. Sinn zu finden bedeutet, einen Zweck oder eine Richtung in unserem Dasein zu erkennen. Dieser Sinn gibt uns Motivation und Orientierung, hilft uns, Herausforderungen zu meistern und verleiht unserem Handeln Bedeutung. Ohne einen empfundenen Sinn können wir uns verloren oder leer fühlen, was unsere Lebensfreude und Zufriedenheit beeinträchtigt.

Menschen brauchen Ziele in ihrem Leben, weil sie ihnen Motivation und Antrieb geben. Ziele bieten Struktur und Orientierung, sie ermöglichen persönliches Wachstum und führen zu einem Gefühl von Sinn und Erfüllung. Indem wir uns Ziele setzen, geben wir unserem Leben eine Richtung und arbeiten aktiv daran, unsere Träume und Wünsche zu verwirklichen.

Ein inspirierendes Beispiel ist die Geschichte von Anna. Anna ist 40 Jahre alt und träumt seit Jahren davon, ein eigenes Café zu eröffnen. Sie liebt es zu backen und Menschen mit ihren Kreationen eine Freude zu bereiten. Doch aus Angst vor dem Risiko und aufgrund von Selbstzweifeln schiebt sie dieses Ziel immer wieder auf. Eines Tages beschließt Anna, ihren Traum ernsthaft anzugehen. Sie setzt sich klare Ziele, erstellt einen Geschäftsplan und beginnt, sich über die notwendigen Schritte zu informieren. Durch dieses Ziel erhält ihr Leben neue Energie und Ausrichtung. Sie besucht Kurse, knüpft Kontakte in der Branche und findet schließlich den perfekten Ort für ihr Café.

Die Eröffnung ihres Cafés ist ein Meilenstein in Annas Leben. Sie erlebt nicht nur beruflichen Erfolg, sondern fühlt sich auch persönlich erfüllt. Das Café wird zu einem Treffpunkt in der Gemeinschaft, und Anna spürt, wie sie mit ihrer Leidenschaft einen positiven Einfluss auf das Leben anderer hat. Ihr Mut, dieses Ziel zu verfolgen, führt zu einem tieferen Sinn und einer größeren Zufriedenheit in ihrem Leben.

Dieses Beispiel zeigt, wie das Setzen und Verfolgen von Zielen unserem Leben Sinn und Richtung geben kann. Es hilft uns, über uns hinauszuwachsen, neue Erfahrungen zu sammeln und ein erfüllteres Leben zu führen. Prokrastination kann jedoch dazu führen, dass diese Ziele immer wieder verschoben werden und letztlich unerreicht bleiben. Wenn wir unsere Vorhaben ständig aufschieben, berauben wir uns der Möglichkeit, solche bereichernden Erfahrungen zu machen. Wir riskieren, ein Leben zu führen, das nicht unseren wahren Wünschen und Potenzialen entspricht, was zu Frustration und Unzufriedenheit führen kann.

Es ist daher essenziell, die Bedeutung von Zielen in unserem Leben zu erkennen und aktiv Schritte zu unternehmen, um Prokrastination zu überwinden. Indem wir unsere persönlichen Ziele verfolgen und uns der Selbstverwirklichung widmen, erhöhen wir nicht nur unsere Zufriedenheit und Lebensqualität, sondern leben auch ein authentisches und sinnstiftendes Leben. Die bewusste Entscheidung, Ziele zu setzen und daran zu arbeiten, ist ein wichtiger Schritt auf dem Weg zu persönlichem Wachstum und Erfüllung.

Die Gründe für das Aufschieben persönlicher Ziele

- Angst vor Veränderung: Neue Projekte oder Lebenswege können Unsicherheit mit sich bringen. Die Komfortzone zu verlassen erfordert Mut, und Prokrastination kann ein Schutzmechanismus gegen diese Angst sein.
- Perfektionismus: Das Streben nach dem perfekten Zeitpunkt oder den idealen Bedingungen kann dazu führen, dass man nie beginnt.
- Mangelnde Selbstdisziplin: Ohne feste Strukturen oder externe Vorgaben fällt es schwer, sich selbst zu motivieren.

Exkurs Perfektionismus

Perfektionismus ist ein häufiges Hindernis auf dem Weg zur Zielerreichung und trägt maßgeblich zur Prokrastination bei. Viele Menschen beginnen erst gar nicht mit einer Aufgabe, weil sie den Anspruch haben, sie perfekt auszuführen. Dieser überhöhte Perfektionsanspruch kann lähmend wirken und dazu führen, dass wir uns vor dem Beginn einer Aufgabe fürchten, aus Angst, den eigenen hohen Standards nicht gerecht zu werden.

Der Kern des Perfektionismus liegt oft in dem Glauben, dass Fehler oder Unvollkommenheiten inakzeptabel sind. Diese Einstellung erzeugt enormen Druck und macht aus jeder Aufgabe ein potenzielles Risiko für Kritik oder Versagen. Anstatt uns auf den Prozess des Lernens und Wachsens zu konzentrieren, fixieren wir uns auf das Endergebnis und die Möglichkeit, dass es nicht perfekt sein könnte.

Ein Beispiel hierfür ist Markus, ein talentierter Schriftsteller, der seit Jahren davon träumt, einen Roman zu verfassen. Er hat unzählige Ideen und Notizen gesammelt, doch jedes Mal, wenn er sich hinsetzt, um mit dem Schreiben zu beginnen, überkommt ihn die Angst, dass sein Werk nicht gut genug sein könnte. Er vergleicht sich mit renommierten Autoren und setzt sich selbst unter Druck, von Anfang an ein Meisterwerk zu schaffen. Dieser Perfektionsanspruch blockiert ihn so sehr, dass er keinen einzigen Satz zu Papier bringt. Die Angst vor einem unvollkommenen Ergebnis hält ihn davon ab, überhaupt zu beginnen.

Perfektionismus kann somit zu einem Teufelskreis führen: Wir setzen uns unrealistische Standards, fühlen uns von der schieren Größe der Aufgabe überwältigt und schieben sie daher auf. Dies verstärkt wiederum das Gefühl der Unzulänglichkeit und erhöht den Druck, beim nächsten Versuch noch perfekter sein zu müssen.

Um diesen Kreislauf zu durchbrechen, ist es wichtig, den Perfektionismus zu hinterfragen und zu relativieren. Es gilt zu erkennen, dass Perfektion eine Illusion ist und dass Fehler und Unvollkommenheiten zum Lernprozess dazugehören. Indem wir den Fokus auf den Fortschritt statt auf Perfektion legen, können wir die Angst vor dem Versagen reduzieren und leichter ins Handeln kommen.

Ein Ansatz ist, sich bewusst kleine, erreichbare Ziele zu setzen und den Prozess in den Vordergrund zu stellen. Wenn Markus sich zum Beispiel vornimmt, täglich nur eine halbe Stunde zu schreiben, unabhängig von der Qualität des Geschriebenen, kann er den Druck verringern und den Einstieg erleichtern. Mit der Zeit kann er so eine Schreibroutine entwickeln und seine Fähigkeiten stetig verbessern.

Letztlich bedeutet das Überwinden von Perfektionismus, sich selbst zu erlauben, unvollkommen zu sein und den Wert im Tun selbst zu finden. Indem wir akzeptieren, dass der erste Entwurf nicht perfekt sein muss und dass Fehler Teil des Lernens sind, öffnen wir uns für Wachstum und Fortschritt. So können wir die Prokrastination überwinden und unsere Ziele mit mehr Leichtigkeit und Freude verfolgen.
Ende Exkurs

Die Folgen für das persönliche Wachstum

Das ständige Aufschieben persönlicher Ziele kann zu Frustration und Unzufriedenheit führen. Es hindert uns daran, neue Erfahrungen zu sammeln, Fähigkeiten zu entwickeln und unser volles Potenzial auszuschöpfen. Langfristig kann dies das Selbstvertrauen untergraben und ein Gefühl der Stagnation erzeugen.

Wie Prokrastination Beziehungen und Selbstwert beeinflusst

Auswirkungen auf zwischenmenschliche Beziehungen

Prokrastination kann Beziehungen zu Familie, Freunden und Partnern belasten. Wenn wir Verpflichtungen oder Versprechen aufschieben, fühlen sich andere möglicherweise vernachlässigt oder enttäuscht.

Beispiele:

- Verpasste Verabredungen: Durch ständiges Verschieben gemeinsamer Aktivitäten können Freundschaften leiden.
- Ungeklärte Konflikte: Das Aufschieben schwieriger Gespräche kann zu Missverständnissen und längerfristigen Spannungen führen.
- Fehlende Unterstützung: Wenn wir nicht rechtzeitig auf die Bedürfnisse unserer Liebsten reagieren, kann das Vertrauen beschädigt werden.

Einfluss auf das Selbstwertgefühl

Prokrastination kann das Selbstwertgefühl negativ beeinflussen. Das Wissen, wichtige Aufgaben nicht zu erledigen, kann zu Schuldgefühlen und Selbstkritik führen.

- Selbstzweifel: Wiederholtes Aufschieben kann das Gefühl verstärken, nicht kompetent oder diszipliniert genug zu sein.
- Negative Selbstwahrnehmung: Man identifiziert sich möglicherweise als "Faulpelz" oder "Versager", was das Selbstbild verzerrt.
- Verstärkung von Angst und Stress: Die Sorge über unerledigte Aufgaben kann zu chronischem Stress führen, der die mentale Gesundheit beeinträchtigt.

Der Teufelskreis von Prokrastination und Selbstwert

Ein geringes Selbstwertgefühl kann die Prokrastination erheblich fördern. Wenn wir nicht an unsere eigenen Fähigkeiten und Kompetenzen glauben, fällt es uns schwerer, Aufgaben anzupacken und Herausforderungen anzunehmen. Wir zweifeln daran, ob wir den Anforderungen gewachsen sind, und fürchten, zu versagen oder nicht die gewünschten Ergebnisse zu erzielen. Diese Selbstzweifel wirken lähmend und führen oft dazu, dass wir Aufgaben vermeiden oder immer wieder aufschieben, um uns vor möglichen Enttäuschungen oder Kritik zu schützen.

Dieser Kreislauf aus geringem Selbstwertgefühl und Prokrastination kann schwer zu durchbrechen sein. Je mehr wir aufschieben, desto stärker fühlen wir uns in unserem negativen Selbstbild bestätigt. Wir sehen, dass wir unsere Ziele nicht erreichen und interpretieren dies als Beweis für unsere Unzulänglichkeit oder mangelnde Disziplin. Diese Gedanken verstärken das geringe Selbstwertgefühl und erhöhen die Wahrscheinlichkeit, dass wir weiterhin prokrastinieren.

Ein Beispiel hierfür ist Lisa, die davon träumt, ein eigenes Kunstprojekt zu starten. Sie hat schon immer gern gemalt und möchte ihre Werke öffentlich ausstellen. Doch sie zweifelt an ihrem Talent und glaubt, dass ihre Arbeit nicht gut genug ist. Aus Angst vor Kritik und dem Gefühl, nicht zu genügen, schiebt sie den Beginn ihres Projekts immer weiter hinaus. Jedes Mal, wenn sie sich vornimmt zu starten, findet sie Ausreden oder Ablenkungen, die sie davon abhalten.

Mit jeder verstrichenen Woche fühlt sich Lisa frustrierter und bestätigt in ihrem Glauben, dass sie es nicht schaffen kann. Ihr Selbstwertgefühl sinkt weiter, und die Hemmschwelle, endlich zu beginnen, wird immer größer. Sie beobachtet, wie andere Künstler erfolgreich sind und vergleicht sich ständig mit ihnen, was ihre Selbstzweifel noch verstärkt.

Um diesen Teufelskreis zu durchbrechen, ist es wichtig, dass Lisa an ihrem Selbstwertgefühl arbeitet und ihr Vertrauen in die eigenen Fähigkeiten stärkt. Indem sie kleine, erreichbare Ziele setzt, kann sie erste Erfolgserlebnisse sammeln. Sie könnte zum Beispiel damit beginnen, ihre Werke im Freundeskreis zu zeigen oder an lokalen Gemeinschaftsprojekten teilzunehmen. Positive Rückmeldungen können ihr helfen, ihr Selbstbild zu verbessern und die Angst vor Kritik zu reduzieren.

Durch diese Schritte beginnt Lisa zu erkennen, dass ihre Befürchtungen oft unbegründet waren und dass sie tatsächlich über wertvolle Fähigkeiten verfügt. Mit jedem kleinen Erfolg wächst ihr Selbstvertrauen, und die Prokrastination nimmt ab. Sie lernt, dass es nicht darum geht, perfekt zu sein, sondern darum, authentisch zu handeln und Freude an ihrer Kunst zu haben.

Dieses Beispiel zeigt, wie eng Selbstwertgefühl und Prokrastination miteinander verknüpft sind. Indem wir uns aktiv mit unseren Selbstzweifeln auseinandersetzen und gezielt daran arbeiten, unser Selbstvertrauen zu stärken, können wir den Kreislauf des Aufschiebens durchbrechen. Es erfordert Mut und Geduld, aber die Belohnung ist ein gesteigertes Wohlbefinden und die Fähigkeit, unsere Ziele mit Zuversicht zu verfolgen.

Finanzielle Angelegenheiten

Aufschieben von finanziellen Verpflichtungen

Das Aufschieben von finanziellen Verpflichtungen ist ein Aspekt der Prokrastination, der oft unterschätzt wird, aber gravierende Auswirkungen auf unser Leben haben kann. Wenn wir wichtige finanzielle Angelegenheiten wie das Bezahlen von Rechnungen, das Einreichen von Steuererklärungen oder das Treffen von Investitionsentscheidungen immer wieder verschieben, setzen wir uns nicht nur unnötigem Stress aus, sondern riskieren auch ernsthafte Konsequenzen. Mahngebühren, negative Einträge bei Auskunfteien oder sogar rechtliche Schritte können die Folge sein. Darüber hinaus kann das Aufschieben von Sparplänen oder der Altersvorsorge langfristig unsere finanzielle

Sicherheit gefährden. In diesem Buch widmen wir diesem Thema besondere
Aufmerksamkeit, weil die finanzielle Gesundheit ein grundlegender Pfeiler für
Wohlbefinden und Lebensqualität ist. Indem ich die Ursachen für das Aufschieben
finanzieller Verpflichtungen genauer beleuchte und praktische Strategien zur
Überwindung dieser Form der Prokrastination anbiete, möchte ich helfen, eine
finanzielle Stabilität zu erreichen und zukünftige Belastungen zu vermeiden. Es ist
wichtig zu verstehen, dass die Kontrolle über unsere finanziellen Angelegenheiten nicht
nur unseren Geldbeutel schützt, sondern auch zu einem gesteigerten Selbstwertgefühl
und einem stressfreieren Alltag beiträgt.

Was passiert bei der Vernachlässigung der Finanzplanung?

Die langfristige finanzielle Planung ist ein entscheidender Faktor für finanzielle Stabilität
und Sicherheit im Leben. Wenn wir Prokrastination in diesem Bereich zulassen, können
die Folgen schwerwiegend sein und sich über Jahre oder sogar Jahrzehnte erstrecken.
Das Vernachlässigen der finanziellen Planung bedeutet, dass wir keine klare Strategie
für den Umgang mit unserem Geld haben, was zu unerwünschten finanziellen
Situationen führen kann.

Keine Budgetierung

Ohne eine Budgetierung fehlt der Überblick über die eigenen Einnahmen und
Ausgaben. Eine Budgetierung ist wie ein finanzieller Fahrplan, der zeigt, wohin dein
Geld fließt und wo Einsparungen möglich sind. Ohne diesen Plan können Ausgaben
unkontrolliert ansteigen, und es besteht die Gefahr, mehr Geld auszugeben, als du
tatsächlich einnimmst. Dies kann schnell zu finanziellen Engpässen und letztendlich zu
Verschuldung führen.

Warum ist Budgetierung so wichtig?

- Kontrolle über deine Finanzen: Ein Budget hilft dir, genau zu wissen, wie viel Geld
  du zur Verfügung hast und wofür es ausgegeben wird. Dies ermöglicht es dir,
  bewusste Entscheidungen zu treffen und Prioritäten zu setzen.

- Vermeidung von Schulden: Ohne Budgetierung besteht die Gefahr, dass du
  Ausgaben tätigst, die du dir nicht leisten kannst, was zu Kreditkartenschulden
  oder Überziehungskrediten führt.

- Erkennen von Einsparmöglichkeiten: Durch das Überprüfen deiner Ausgaben kannst du unnötige Kosten identifizieren und Geld für wichtigere Ziele freimachen.

Beispiel: Stell dir vor, du hast kein Budget und kaufst regelmäßig Kleinigkeiten wie Coffee-to-go, Snacks oder spontane Onlinekäufe. Am Ende des Monats bemerkst du, dass dein Konto im Minus ist, obwohl du kein größeres Kaufvorhaben hattest. Ohne Budgetierung hast du den Überblick verloren und gibst mehr aus, als du verdienst. Dies kann dazu führen, dass du Kredite aufnehmen musst, um laufende Kosten zu decken, was wiederum Zinsen und zusätzliche finanzielle Belastungen mit sich bringt.

Versäumnis von Sparzielen

Das Aufschieben der Festlegung und Verfolgung von Sparzielen kann langfristige Konsequenzen für deine finanzielle Sicherheit haben. Ohne gezielte Sparanstrengungen werden wichtige finanzielle Meilensteine wie die Altersvorsorge oder der Aufbau von Notfallrücklagen nicht erreicht.

Altersvorsorge vernachlässigen

- Finanzielle Unsicherheit im Alter: Ohne rechtzeitige Planung und regelmäßige Einzahlungen in Renten- oder Vorsorgepläne riskierst du, im Ruhestand nicht genügend finanzielle Mittel zur Verfügung zu haben.

- Verpasste Anlagechancen: Je früher du mit dem Sparen für die Rente beginnst, desto mehr profitierst du vom Zinseszinseffekt. Durch Prokrastination verlierst du wertvolle Zeit, in der dein Geld für dich arbeiten könnte.

Keine Rücklagen für Notfälle

- Finanzielle Krisen: Ohne Notfallfonds bist du unvorbereitet auf unvorhergesehene Ausgaben wie Autoreparaturen, medizinische Kosten oder plötzliche Arbeitslosigkeit.

- Erhöhte Verschuldung: In Notsituationen musst du möglicherweise teure Kredite aufnehmen, um Ausgaben zu decken, was deine finanzielle Situation weiter belastet.

Beispiel: Nehmen wir an, du verschiebst es ständig, einen Teil deines Einkommens zu sparen. Plötzlich geht deine Waschmaschine kaputt, und du musst eine neue kaufen. Ohne Ersparnisse bist du gezwungen, einen Kredit aufzunehmen oder auf andere Weise Geld zu beschaffen. Dies verursacht zusätzlichen Stress und möglicherweise weitere Kosten durch Zinsen.

Die Rolle der Prokrastination bei finanziellen Angelegenheiten

Prokrastination kann dazu führen, dass du finanzielle Entscheidungen und Handlungen immer wieder aufschiebst:

- Komplexität und Überforderung: Finanzielle Planung kann kompliziert erscheinen, was dazu führt, dass du sie vermeidest.

- Kurzfristiges Denken: Du konzentrierst dich auf unmittelbare Wünsche und Bedürfnisse und blendest langfristige Konsequenzen aus.

- Fehlende Motivation: Ohne klare Ziele fehlt der Antrieb, aktiv zu werden.

Wie kannst du gegensteuern?

- Budget erstellen: Beginne damit, alle Einnahmen und Ausgaben aufzuschreiben. Nutze dafür Apps oder einfache Tabellen.

- Automatisches Sparen: Richte Daueraufträge ein, die regelmäßig Geld auf ein separates Sparkonto überweisen.

- Finanzielle Ziele setzen: Definiere klare Sparziele für Notfälle, größere Anschaffungen und die Altersvorsorge.

- Bildung und Beratung: Informiere dich über finanzielle Themen oder suche professionelle Unterstützung, um Unsicherheiten abzubauen.

Die langfristige finanzielle Planung ist entscheidend für deine finanzielle Gesundheit und Unabhängigkeit. Prokrastination in diesem Bereich kann zu Verschuldung, fehlender Altersvorsorge und mangelnden finanziellen Reserven führen. Indem du aktiv wirst, ein Budget erstellst und Sparziele setzt, kannst du finanzielle Sicherheit aufbauen und zukünftige Belastungen vermeiden. Es geht darum, Verantwortung für deine finanzielle Zukunft zu übernehmen und heute die Schritte zu unternehmen, die langfristig zu Wohlstand und Gelassenheit führen. Vielleicht hilft es dir, dir vorzustellen: Was wäre, wenn ich auf meinem Konto Erspartes sehe? Ich kenne zum Beispiel eine Bank, die jede Ausgabe, die du tätigst (mit Karte), zur nächsten 5 oder 10 aufrundet. So kannst du - ohne dass es "weh tut" - in recht kurzer Zeit eine beträchtliche Summe ansparen. Überlege mal, wie oft du deine Karte nutzt.

Auswirkungen auf Haushalt und Alltagsorganisation

Unordnung und Chaos im Wohnraum

Prokrastination kann dazu führen, dass unser Wohnraum zunehmend unordentlich und chaotisch wird. Wenn wir das Aufräumen, Putzen oder Organisieren immer wieder aufschieben, häufen sich Gegenstände an, Oberflächen verstauben, und es entsteht ein Durcheinander, das unser Wohlbefinden erheblich beeinträchtigen kann. Die Vernachlässigung des eigenen Zuhauses ist nicht nur ein optisches Problem, sondern hat auch tiefgreifende Auswirkungen auf unsere Psyche und unseren Alltag.

Das ständige Aufschieben von Haushaltsaufgaben führt dazu, dass sich Unordnung ansammelt. Stapel von ungeöffneter Post, ungewaschene Wäsche oder nicht aufgeräumte Räume können sich schnell zu einem überwältigenden Chaos entwickeln. Je mehr wir diese Aufgaben vor uns herschieben, desto größer erscheint die Hürde, sie anzupacken. Die Vorstellung, Stunden oder sogar Tage mit dem Aufräumen verbringen zu müssen, kann lähmend wirken und die Prokrastination weiter verstärken.

Ein unordentlicher Wohnraum kann auch praktische Probleme verursachen. In der Unordnung gehen wichtige Dinge wie Schlüssel, Dokumente oder Rechnungen leicht verloren, was zusätzlichen Stress verursacht. Vernachlässigte Reinigungsarbeiten können zu Schimmelbildung, Schädlingsbefall oder unangenehmen Gerüchen führen, was die Gesundheit beeinträchtigt. Herumliegende Gegenstände erhöhen das Risiko von Unfällen wie Stolpern oder Stürzen.

Die Auswirkungen von Unordnung auf unsere Gefühle und unser mentales Wohlbefinden sind erheblich. Der Anblick eines chaotischen Zuhauses kann überwältigend sein; wir fühlen uns von der Menge an Aufgaben erdrückt und wissen nicht, wo wir anfangen sollen. Dieser Stress kann sich auf andere Lebensbereiche übertragen und unsere allgemeine Belastbarkeit reduzieren. Oft empfinden wir Schuldgefühle, weil wir glauben, die Kontrolle über unser Zuhause verloren zu haben. Die Scham darüber, andere in unser unordentliches Heim einzuladen, kann dazu führen, dass wir soziale Kontakte meiden und uns isoliert fühlen.

Ein chaotisches Umfeld erschwert es, sich zu konzentrieren oder kreativ zu sein. Die ständige visuelle Stimulation durch Unordnung lenkt ab und kann zu mentaler Erschöpfung führen. Zudem kann Unordnung uns energetisch ausbremsen; die Räume, die eigentlich der Erholung dienen sollten, wirken belastend und verhindern, dass wir uns wirklich entspannen können.

Die negativen Gefühle, die durch die Unordnung entstehen, können die Prokrastination weiter verstärken. Wenn wir uns gestresst oder niedergeschlagen fühlen, fehlt oft die Motivation, aktiv zu werden. So bleibt die Unordnung bestehen oder verschlimmert sich sogar, was die negativen Gefühle intensiviert. Dieser Teufelskreis kann schwer zu durchbrechen sein, wenn wir nicht bewusst gegensteuern.

Es ist wichtig zu erkennen, dass Unordnung und Chaos im Wohnraum nicht nur ein ästhetisches Problem sind, sondern tiefgreifende Auswirkungen auf unser emotionales und mentales Wohlbefinden haben. Indem wir uns aktiv mit der Ursache unserer Prokrastination auseinandersetzen und kleine, realistische Schritte zur Verbesserung unseres Wohnraums unternehmen, können wir diesen negativen Kreislauf durchbrechen. Ein aufgeräumtes Zuhause fördert nicht nur unser Wohlbefinden, sondern wirkt sich positiv auf alle Bereiche unseres Lebens aus. Wir fühlen uns wohler und entspannter in einer ordentlichen Umgebung, können uns besser konzentrieren und sind effizienter. Sauberkeit reduziert das Risiko von Allergien und Krankheiten, und wir empfinden mehr Freude daran, Gäste einzuladen und soziale Kontakte zu pflegen. Durch bewusste Veränderungen schaffen wir eine Umgebung, die uns unterstützt und in der wir uns rundum wohlfühlen können.

Falls du auch öfter die Hausarbeit aufschiebst: Schließe einmal die Augen und stelle dir vor, wie es wäre, wenn deine Wohnung oder dein Haus aufgeräumt wären. Wie ist dein Gefühl dazu? Fühlst du dich stolz, es geschafft zu haben? Breitet sich ein Wohlgefühl aus? Dieses Gefühl solltest du mitnehmen in die Gegenwart und immer, wenn du eine Kleinigkeit erledigt hast, wirst du dieses Gefühl bekommen. Es muss nicht immer der komplette Berg sein. Fang mit etwas Kleinem an.

Strategien zur Verbesserung der Haushaltsorganisation

- Reinigungspläne erstellen: Feste Zeiten für Haushaltstätigkeiten einplanen.
- Minimalismus praktizieren: Überflüssige Gegenstände aussortieren, um Unordnung zu reduzieren.
- Aufgaben delegieren: Familienmitglieder einbeziehen und Verantwortlichkeiten verteilen.
- Technologien nutzen: Apps und Erinnerungen können bei der Organisation helfen.

Prokrastination und soziale Beziehungen

Prokrastination wirkt sich nicht nur auf unsere persönlichen Ziele und Alltagsaufgaben aus, sondern kann auch erhebliche Auswirkungen auf unsere sozialen Beziehungen haben. Das Aufschieben von sozialen Interaktionen ist ein häufiges Phänomen, das oft übersehen wird, jedoch maßgeblich dazu beitragen kann, Freundschaften, Familienbeziehungen und berufliche Kontakte zu gefährden.

Wenn wir soziale Interaktionen aufschieben, vermeiden wir bewusst oder unbewusst den Kontakt zu anderen Menschen. Dies kann verschiedene Formen annehmen: das Nicht-Beantworten von Nachrichten, das Verschieben von Treffen, das Ignorieren von Einladungen oder das Ausweichen vor wichtigen Gesprächen. Solche Verhaltensweisen entstehen oft aus tieferliegenden Gründen und können die Beziehungen zu unseren Mitmenschen nachhaltig beeinträchtigen.

Prokrastination führt zum Aufschieben sozialer Interaktionen aus unterschiedlichen Gründen. Manchmal vermeiden wir soziale Kontakte aus Angst vor Konflikten oder unangenehmen Gesprächen. Wir befürchten, dass ein Treffen oder eine Unterhaltung schwierig oder konfrontativ sein könnte und schieben es auf, um kurzfristig unangenehme Gefühle zu vermeiden. Soziale Angst und Unsicherheit spielen ebenfalls eine Rolle. Personen, die unter sozialer Angst leiden, empfinden soziale Situationen als stressig oder überwältigend. Prokrastination dient hier als Bewältigungsmechanismus, um diesen Stress zu reduzieren.

Überforderung und Zeitmangel können dazu führen, dass soziale Aktivitäten als zusätzliche Belastung empfunden werden. Das Gefühl, keine Energie oder Zeit für soziale Interaktionen zu haben, lässt uns diese auf später verschieben. Auch Perfektionismus in sozialen Rollen kann dazu führen, dass wir Treffen vermeiden, wenn wir glauben, den Erwartungen nicht gerecht werden zu können. Emotionale Erschöpfung durch Stress und Überlastung im Alltag kann dazu führen, dass wir uns sozial zurückziehen und Kontakte aufschieben.

Dieses Verhalten gefährdet soziale Beziehungen in verschiedenen Situationen. Wenn wir Einladungen nicht annehmen oder Treffen immer wieder verschieben, können Freunde das Gefühl bekommen, dass sie uns nicht wichtig sind. Die Beziehung leidet darunter, und es besteht die Gefahr, dass der Kontakt abbricht. Das Aufschieben von Besuchen oder Telefonaten mit Familienmitgliedern kann zu Entfremdung führen. Besonders in engen Familienkreisen wird regelmäßiger Kontakt oft als Zeichen von Liebe und Verbundenheit gesehen. In Partnerschaften kann das Vermeiden wichtiger Gespräche oder das Aufschieben gemeinsamer Aktivitäten zu Missverständnissen und Spannungen führen. Die fehlende Kommunikation erschwert das Lösen von Problemen und kann das Vertrauen beeinträchtigen. Im beruflichen Kontext kann das Ignorieren von Kontakten, wie das Nicht-Beantworten von E-Mails oder das Verschieben von Meetings, Karrierechancen mindern und den professionellen Ruf schädigen. Wenn wir soziale Kontakte vernachlässigen, fehlt uns zudem ein wichtiges Netzwerk, auf das wir uns in schwierigen Zeiten verlassen können.

Das ständige Aufschieben sozialer Interaktionen kann zu Gefühlen der Isolation und Einsamkeit führen. Wir könnten uns schuldig fühlen, weil wir wissen, dass wir andere Menschen enttäuschen. Diese Schuldgefühle verstärken oft das Vermeidungsverhalten, wodurch sich der Teufelskreis aufrechterhält. Außerdem kann das Bewusstsein, dass unsere Beziehungen leiden, unser Selbstwertgefühl beeinträchtigen und zu Stress und Unzufriedenheit beitragen.

Ein Beispiel hierfür ist Thomas, der eine Nachricht von einem alten Schulfreund erhält, der vorschlägt, sich auf einen Kaffee zu treffen. Obwohl Thomas sich freut, von ihm zu hören, fühlt er sich gestresst von der Arbeit und unsicher, ob er nach all den Jahren ein interessantes Gespräch führen kann. Er antwortet nicht sofort und denkt, er werde später darauf zurückkommen. Tage werden zu Wochen, und schließlich schämt sich Thomas dafür, so lange nicht geantwortet zu haben. Aus Verlegenheit vermeidet er weiterhin den Kontakt. Sein Freund fühlt sich ignoriert und verletzt, und die Chance, die Freundschaft wieder aufleben zu lassen, verstreicht.

Dieses Verhalten gefährdet soziale Beziehungen, weil Missverständnisse entstehen können. Der andere könnte das Schweigen als Desinteresse oder Ablehnung interpretieren, obwohl es vielleicht nur aus Unsicherheit oder Überforderung resultiert. Vertrauen wird untergraben, denn Zuverlässigkeit ist ein Grundpfeiler jeder Beziehung. Wenn wir nicht auf andere zugehen oder Versprechen nicht einhalten, schwindet das Vertrauen. Ohne regelmäßigen Kontakt fehlt die emotionale Bindung; Beziehungen brauchen Pflege, um zu bestehen und zu wachsen.

Um diesem Problem zu begegnen, ist es wichtig, das eigene Verhalten bewusst wahrzunehmen und die Gründe für das Aufschieben zu reflektieren. Offene Kommunikation kann Missverständnisse vermeiden. Ein einfaches „Es tut mir leid, dass ich mich nicht früher gemeldet habe, ich hatte viel um die Ohren" kann bereits viel bewirken. Kleine Schritte, wie ein kurzes Telefonat oder eine Nachricht, helfen, den Kontakt wiederherzustellen. Sich feste Zeiten für soziale Interaktionen einzuplanen, kann das Aufschieben überwinden. Wenn Überforderung der Grund ist, sollten wir darauf achten, unsere eigenen Bedürfnisse zu erkennen und uns nicht zu überlasten.

Das Aufschieben von sozialen Interaktionen ist eine Form der Prokrastination, die unsere Beziehungen erheblich gefährden kann. Indem wir uns der Gründe für dieses Verhalten bewusst werden und aktiv daran arbeiten, können wir unsere sozialen Kontakte pflegen und vertiefen. So tragen wir zu erfüllenden Beziehungen bei, die unser Leben bereichern und uns Unterstützung bieten. Soziale Interaktionen sind essenziell für unser Wohlbefinden, und es lohnt sich, ihnen die Aufmerksamkeit zu schenken, die sie verdienen.

Strategien zur Pflege sozialer Beziehungen

- Verbindlichkeit zeigen: Sage zu oder ab, statt Einladungen offen zu lassen.
- Regelmäßige Treffen planen: Feste Termine helfen, den Kontakt aufrechtzuerhalten.
- Offene Kommunikation: Sprich über deine Herausforderungen, um Verständnis zu fördern.
- Technologien nutzen: Kalender und Erinnerungen helfen, Geburtstage oder Veranstaltungen nicht zu vergessen.

Prokrastination im privaten Leben kann weitreichende Auswirkungen auf unsere Ziele, Beziehungen und unser Wohlbefinden haben. Das Aufschieben persönlicher Vorhaben hindert uns daran, unser volles Potenzial zu entfalten und ein erfülltes Leben zu führen. Beziehungen können darunter leiden, wenn wir uns nicht zuverlässig zeigen, und unser Selbstwertgefühl kann durch ständige Selbstkritik beeinträchtigt werden.

Doch es gibt Hoffnung: Mit bewusster Selbstreflexion, realistischen Zielsetzungen und der Anwendung praktischer Strategien können wir die Aufschieberitis überwinden. Indem wir Gewohnheiten ändern, Ablenkungen minimieren und Unterstützung suchen, schaffen wir die Grundlage für positive Veränderungen. Es erfordert Mut und Entschlossenheit, aber die Belohnung ist ein Leben mit mehr Zufriedenheit, erfüllten Beziehungen und dem Gefühl, die eigenen Ziele zu erreichen.

Strategien zur Überwindung von Aufschieberitis im Alltag

Selbstreflexion und Bewusstwerdung

- Ursachen identifizieren: Finde heraus, warum du aufschiebst. Sind es Ängste, Überforderung oder mangelnde Motivation?
- Gedankenmuster erkennen: Achte auf negative Selbstgespräche und hinterfrage sie.

Realistische Zielsetzung

- SMART-Methode anwenden: Setze dir spezifische, messbare, attraktive, realistische und terminierte Ziele.
- Teilziele definieren: Teile große Vorhaben in kleine, erreichbare Schritte auf.

Positive Gewohnheiten etablieren

- Routinen entwickeln: Feste Tagesabläufe können helfen, Aufgaben selbstverständlich zu erledigen.
- Morgenrituale: Beginne den Tag mit Aktivitäten, die dich motivieren und Energie geben.

Exkurs Gewohnheiten etablieren:

Es wird oft gesagt, dass es etwa vier Wochen dauert, um eine neue Gewohnheit zu etablieren. Diese Annahme basiert auf der Idee, dass regelmäßige Wiederholung über einen Zeitraum von 28 Tagen dazu führt, dass eine Handlung zur Routine wird. Allerdings zeigt die Forschung, dass die tatsächliche Dauer, um eine Gewohnheit zu bilden, von Person zu Person unterschiedlich ist und von verschiedenen Faktoren abhängt.

Nehmen wir das Beispiel von Daniel. Daniel möchte sich angewöhnen, jeden Abend vor dem Schlafengehen 30 Minuten zu lesen, um seinen Geist zu entspannen und seinen Wissenshorizont zu erweitern. In den ersten Tagen ist er hochmotiviert und freut sich auf seine neue Abendroutine. Doch nach einer Woche bemerkt er, dass er an manchen Abenden zu müde ist oder durch andere Aktivitäten abgelenkt wird. Er beginnt, das Lesen zu überspringen, und fühlt sich enttäuscht über seine mangelnde Disziplin.

Durch die Lektüre über Gewohnheitsbildung erfährt Daniel, dass es normal ist, dass sich Gewohnheiten nicht sofort festsetzen. Er versteht, dass das Etablieren einer neuen Gewohnheit Zeit braucht und nicht immer linear verläuft. Daniel beschließt, geduldiger mit sich selbst zu sein und passt seine Strategie an. Er reduziert die Lesezeit auf 15 Minuten und legt sein Buch sichtbar auf den Nachttisch, um sich zu erinnern.

Mit der Zeit merkt Daniel, dass das Lesen vor dem Schlafengehen immer mehr zur Routine wird. Nach etwa zwei Monaten stellt er fest, dass ihm etwas fehlt, wenn er nicht liest. Die Handlung ist zu einem festen Bestandteil seines Alltags geworden, und er erhöht die Lesezeit wieder auf 30 Minuten.

Dieses Beispiel zeigt, dass das Bilden einer neuen Gewohnheit individuell ist und von vielen Faktoren beeinflusst wird, darunter:

- Komplexität des Verhaltens: Einfachere Gewohnheiten erfordern weniger Anstrengung und können schneller automatisiert werden.
- Persönliche Motivation: Ein hohes Maß an Motivation kann den Prozess beschleunigen.
- Umfeld und Auslöser: Ein unterstützendes Umfeld und klare Auslöser können die Etablierung einer Gewohnheit erleichtern.

Es ist wichtig, realistische Erwartungen zu haben und sich nicht entmutigen zu lassen, wenn eine Gewohnheit nicht innerhalb von vier Wochen fest etabliert ist. Geduld und kontinuierliche Anstrengung sind entscheidend, um langfristig Verhaltensänderungen zu erreichen. Indem wir uns bewusst machen, dass Rückschläge normal sind und Teil des Prozesses sein können, können wir resilienter werden und unsere Ziele schließlich erreichen.

Zusammenfassend lässt sich sagen, dass die Zeitspanne von vier Wochen für die Bildung einer neuen Gewohnheit für manche Menschen und bestimmte Verhaltensweisen ausreichend sein kann, aber es ist wahrscheinlicher, dass es länger dauert. Wichtig ist, dranzubleiben, flexibel zu sein und den Prozess als Reise zu betrachten, die uns persönlich wachsen lässt.

Zeitmanagement-Techniken nutzen und Ablenkungen minimieren

- Eisenhower-Matrix: Priorisiere Aufgaben nach Wichtigkeit und Dringlichkeit.
- Zeitblöcke planen: Reserviere feste Zeiten für bestimmte Tätigkeiten.
- Digitale Diät: Begrenze die Nutzung von Smartphone und sozialen Medien.

Selbstfürsorge praktizieren

- Gesunde Lebensweise: Achte auf ausreichend Schlaf, Ernährung und Bewegung.
- Entspannungstechniken: Meditation, Yoga oder Atemübungen können Stress reduzieren.

Unterstützung suchen

- Accountability-Partner: Finde jemanden, der dich motiviert und mit dem du deine Fortschritte teilst.
- Professionelle Hilfe: Bei tieferliegenden Problemen kann eine Therapie oder ein Coaching hilfreich sein.

Belohnungssysteme einführen

- Erfolge feiern: Erkenne auch kleine Fortschritte an und belohne dich dafür.
- Positive Verstärkung: Nutze Belohnungen, um Motivation aufzubauen.

Negative Gedanken hinterfragen

- Kognitive Umstrukturierung: Ersetze negative Gedanken durch konstruktive Überzeugungen.
- Selbstmitgefühl üben: Sei geduldig mit dir selbst und akzeptiere Rückschläge als Teil des Lernprozesses.

Sofort anfangen

- 5-Sekunden-Regel: Zähle von fünf rückwärts und beginne dann sofort mit der Aufgabe.
- Minimalanfang: Verpflichte dich, mindestens fünf Minuten an der Aufgabe zu arbeiten – oft entsteht daraus mehr.

Exkurs Ende

Exkurs Kognitive Umstrukturierung

Eventuell kannst du mit diesem Tipp gar nichts anfangen. Deshalb erkläre ich die kognitive Umstrukturierung einmal genauer.

Kognitive Umstrukturierung ist eine Technik aus der kognitiven Verhaltenstherapie, die darauf abzielt, negative oder unproduktive Gedankenmuster zu erkennen und durch konstruktive, realistische Überzeugungen zu ersetzen. Diese Methode kann helfen, Prokrastination zu überwinden, das Selbstwertgefühl zu stärken und das allgemeine Wohlbefinden zu verbessern.

Negative Gedanken können wie mentale Hindernisse wirken, die uns davon abhalten, unsere Ziele zu erreichen. Sie entstehen oft automatisch und beeinflussen unsere Gefühle und Handlungen auf subtile Weise. Indem wir diese Gedanken bewusst hinterfragen und umstrukturieren, können wir unsere Perspektive verändern und positive Veränderungen in unserem Leben herbeiführen.

Nehmen wir ein Beispiel aus dem Privatleben: Anna möchte schon lange mit dem Joggen anfangen, um ihre Fitness zu verbessern und Stress abzubauen. Sie hat sich neue Laufschuhe gekauft und eine App heruntergeladen, die Anfängerprogramme anbietet. Doch jedes Mal, wenn sie daran denkt, mit dem Laufen zu beginnen, tauchen negative Gedanken auf wie: „Ich bin nicht sportlich genug", „Die Leute im Park werden mich auslachen" oder „Ich werde es sowieso nicht durchhalten".

Diese negativen Überzeugungen führen dazu, dass Anna das Joggen immer wieder aufschiebt. Sie fühlt sich entmutigt und zweifelt an ihren Fähigkeiten, was die Prokrastination verstärkt.

Durch kognitive Umstrukturierung kann Anna diese Gedanken bewusst erkennen und verändern:

- Bewusstwerden der negativen Gedanken: Anna bemerkt, dass sie sich sagt: „Ich bin nicht sportlich genug."
- Hinterfragen: Sie fragt sich: „Stimmt das wirklich? Warum denke ich das?" Sie erinnert sich daran, dass sie früher gern Fahrrad gefahren ist und durchaus körperlich aktiv war.
- Ersetzen durch konstruktive Überzeugungen: Sie formuliert einen neuen Gedanken: „Jeder fängt mal klein an. Ich kann langsam beginnen und mich Schritt für Schritt verbessern."

Ein weiteres Beispiel ist der Gedanke: „Die Leute im Park werden mich auslachen."

- Hinterfragen: „Ist es wahrscheinlich, dass Fremde sich über mich lustig machen? Die meisten sind mit sich selbst beschäftigt."
- Ersetzen: „Die meisten Menschen werden mich gar nicht beachten, und selbst wenn, ist es wichtig, dass ich etwas Gutes für mich tue."

Indem Anna diese neuen, realistischen Gedanken annimmt, fühlt sie sich ermutigt, den ersten Schritt zu machen. Sie plant, nur für zehn Minuten zu laufen, um sich nicht zu überfordern. Nach ihrem ersten Lauf spürt sie ein Gefühl der Zufriedenheit und stellt fest, dass ihre Befürchtungen unbegründet waren. Dieses Erfolgserlebnis motiviert sie, weiterzumachen.

Durch die regelmäßige Anwendung der kognitiven Umstrukturierung gelingt es Anna, ihre negativen Gedankenmuster zu durchbrechen. Sie erkennt, dass ihre Selbstzweifel sie bisher zurückgehalten haben, und lernt, sich selbst mit mehr Mitgefühl und Realismus zu begegnen. Mit der Zeit wird das Joggen zu einem festen Bestandteil ihres Alltags, und sie profitiert von den positiven Auswirkungen auf ihre Gesundheit und ihr Wohlbefinden.

Dieses Beispiel zeigt, wie kognitive Umstrukturierung im Privatleben angewendet werden kann, um Prokrastination zu überwinden und persönliche Ziele zu erreichen. Es erfordert Achtsamkeit und Übung, aber die Fähigkeit, negative Gedanken durch konstruktive Überzeugungen zu ersetzen, kann einen bedeutenden Unterschied machen. Indem wir unsere Denkweise bewusst verändern, öffnen wir uns für neue Möglichkeiten und fördern ein positiveres Selbstbild.
Exkurs Ende

Selbstreflexion nach Kapitel 4: Prokrastination im privaten Leben

Nimm dir Zeit, um über die folgenden Fragen nachzudenken und deine Gedanken aufzuschreiben:

1. Welche persönlichen Ziele habe ich bisher aufgeschoben?
   - Was hindert mich daran, sie anzugehen?
   - Welche ersten Schritte kann ich unternehmen, um sie zu erreichen?

2. Wie beeinflusst Prokrastination meine Beziehungen?
   - Gibt es Freunde oder Familienmitglieder, mit denen ich den Kontakt vernachlässigt habe?
   - Wie kann ich meine Kommunikationsgewohnheiten verbessern?

3. Welche finanziellen Angelegenheiten habe ich aufgeschoben?
  - Gibt es Rechnungen, Sparpläne oder finanzielle Entscheidungen, die ich angehen sollte?
  - Welche Maßnahmen kann ich ergreifen, um meine finanzielle Situation zu verbessern?

4. Wie wirkt sich Prokrastination auf meinen Haushalt und meine Alltagsorganisation aus?
  - Welche Haushaltsaufgaben schiebe ich regelmäßig auf?
  - Wie kann ich meinen Alltag strukturieren, um effizienter zu sein?

5. Welche Strategien aus diesem Kapitel möchte ich ausprobieren?
  - Wähle zwei oder drei Techniken aus und plane, wie du sie in dein Leben integrieren wirst.

Notizbereich für deine Gedanken:

____

____

____

____

____

Durch die ehrliche Auseinandersetzung mit diesen Fragen kannst du beginnen, Muster zu erkennen und konkrete Schritte zur Veränderung zu planen. Denke daran, dass jeder kleine Fortschritt zählt und dass es normal ist, Rückschläge zu erleben. Mit Ausdauer und Selbstmitgefühl kannst du die Prokrastination im privaten Leben überwinden und ein erfüllteres Leben führen.

Kapitel 5: Effektive Strategien zur Überwindung der Prokrastination

Prokrastination zu überwinden erfordert mehr als nur den Wunsch, produktiver zu sein. Es bedarf effektiver Strategien, die auf deine individuellen Bedürfnisse und Muster abgestimmt sind. In diesem Kapitel beschäftigen wir uns mit praktischen Ansätzen, die dir helfen, das Aufschieben zu überwinden und deine Ziele effizienter zu erreichen. Einige Methoden haben wir schon kennengelernt. In diesem Kapitel werden wir alle Methoden einmal zusammenfassen, so dass der Überblick leichter ist.

Selbstreflexion: Den eigenen Auslösern auf die Spur kommen

Die Bedeutung der Selbstreflexion

Ein entscheidender erster Schritt ist die **Selbstreflexion**, um den eigenen Auslösern auf die Spur zu kommen. Indem du deine Verhaltensweisen, Gedanken und Emotionen untersuchst, kannst du die zugrunde liegenden Ursachen des Aufschiebens identifizieren. Jeder Mensch hat individuelle Auslöser, die Prokrastination begünstigen. Dazu gehören zum Beispiel Angst vor Versagen oder Erfolg, Überforderung, Perfektionismus, fehlende Motivation und Ablenkungen.

Die **Angst vor Versagen oder Erfolg** kann dazu führen, dass du Aufgaben vermeidest, weil du befürchtest, den Anforderungen nicht gerecht zu werden oder mit den Konsequenzen des Erfolgs umgehen zu müssen. **Überforderung** entsteht, wenn du dich von einer Aufgabe oder mehreren Aufgaben gleichzeitig überwältigt fühlst. **Perfektionismus** kann dazu führen, dass du gar nicht erst anfängst, weil du alles perfekt machen möchtest. Wenn ein Ziel nicht klar definiert oder attraktiv genug ist, fehlt oft die **Motivation**, es anzugehen. Externe Faktoren wie soziale Medien, E-Mails oder Lärm können als **Ablenkungen** die Konzentration stören und zum Aufschieben beitragen.

Um diese Auslöser zu identifizieren, kannst du verschiedene Methoden der Selbstreflexion anwenden. Das Führen eines **Tagebuchs** ist eine effektive Möglichkeit, regelmäßig deine Gedanken und Gefühle zu notieren, insbesondere in Momenten, in denen du aufschiebst. So kannst du Muster erkennen. Schreibe auf, was du fühlst, wenn du eine bestimmte Aufgabe vor dir hast. Bist du gestresst, gelangweilt oder ängstlich?

Eine **Trigger-Analyse** hilft dir, Situationen oder Umstände zu identifizieren, die häufig zum Aufschieben führen. Vielleicht bemerkst du, dass du immer dann prokrastinierst, wenn du an einem großen Projekt arbeiten musst. **Feedback von anderen** einzuholen kann ebenfalls hilfreich sein. Kollegen, Freunde oder Familienmitglieder können dir wertvolle Einblicke in deine Verhaltensweisen geben. Frage einen vertrauten Kollegen, ob ihm bestimmte Muster bei dir aufgefallen sind.

Die **Selbstbefragung** ist ein weiterer Schlüssel zur Selbstreflexion. Stelle dir gezielte Fragen, um tieferliegende Gründe aufzudecken. Frage dich, warum du diese Aufgabe aufschiebst, was du befürchtest, wenn du sie angehst, und welche Vorteile du glaubst, durch das Aufschieben zu erhalten.

Sobald du deine Auslöser kennst, kannst du spezifische Strategien entwickeln. Wenn du **Angst vor Versagen** hast, erinnere dich an vergangene Erfolge und akzeptiere, dass Fehler Teil des Lernprozesses sind. Um **Überforderung** zu reduzieren, teile große Aufgaben in kleinere, machbare Schritte auf. Bei **Perfektionismus** setze realistische Standards und akzeptiere, dass "gut genug" oft ausreichend ist. Um deine **Motivation** zu steigern, verbinde Aufgaben mit persönlichen Zielen oder Belohnungen. **Ablenkungen** kannst du minimieren, indem du eine störungsfreie Umgebung schaffst und Techniken zur Fokussierung nutzt.

Emotionen spielen eine zentrale Rolle bei der Prokrastination. Negative Gefühle wie Angst, Frustration oder Langeweile können das Aufschieben begünstigen. Durch Selbstreflexion kannst du diese Emotionen erkennen und lernen, konstruktiv mit ihnen umzugehen. Wenn du feststellst, dass du eine Aufgabe aufschiebst, weil sie langweilig erscheint, könntest du versuchen, sie interessanter zu gestalten oder dich für die Erledigung zu belohnen.

Langfristige Vorteile der Selbstreflexion sind **Selbsterkenntnis**, **Verhaltensänderung** und **Stressreduktion**. Du verstehst dich selbst besser und kannst bewusster handeln. Durch das Erkennen von Mustern kannst du gezielt neue Gewohnheiten entwickeln. Weniger Aufschieben führt zu weniger Stress und einem gesteigerten Wohlbefinden.

Zeitmanagement-Tools: Von To-Do-Listen bis zur Pomodoro-Technik

Effektives **Zeitmanagement** ist ein weiterer Schlüssel zur Überwindung von Prokrastination. Durch den bewussten Umgang mit deiner Zeit kannst du produktiver arbeiten und das Aufschieben minimieren. Eine der einfachsten und effektivsten Methoden, um den Überblick über Aufgaben zu behalten, sind **To-Do-Listen**. Sie bieten Klarheit über anstehende Aufgaben, erleichtern die Priorisierung und ermöglichen Erfolgserlebnisse durch das Abhaken erledigter Aufgaben. Beginne den Tag mit einer aktuellen Liste, setze Prioritäten, indem du wichtige Aufgaben markierst, und bleibe realistisch, um Überforderung zu vermeiden.

Die **Eisenhower-Matrix** ist ein Werkzeug zur Priorisierung von Aufgaben, basierend auf Dringlichkeit und Wichtigkeit. Sie unterteilt Aufgaben in vier Quadranten: wichtig und dringend (sofort erledigen), wichtig, aber nicht dringend (terminieren und planen), dringend, aber nicht wichtig (delegieren, wenn möglich) und weder wichtig noch dringend (eliminieren oder minimieren). Indem du deine Aufgaben in diese Quadranten einordnest, kannst du dich auf die wirklich wichtigen Dinge konzentrieren.

Die **Pomodoro-Technik** ist eine Methode zur Steigerung der Konzentration und Produktivität durch Zeitblöcke. Das Grundprinzip besteht darin, 25 Minuten konzentriert an einer Aufgabe zu arbeiten und anschließend eine 5-minütige Pause einzulegen. Nach vier solchen "Pomodori" gönnst du dir eine längere Pause von 15 bis 30 Minuten. Diese Technik hilft, mentale Ermüdung zu reduzieren, fördert fokussiertes Arbeiten und unterbricht den Drang, sich ablenken zu lassen. Es ist hilfreich, einen Timer zu stellen und Ablenkungen, die während der Arbeit aufkommen, kurz zu notieren, um später darauf zurückzukommen.

Digitale Hilfsmittel können die Organisation ebenfalls erleichtern. Apps wie **Trello** oder **Asana** eignen sich für Projektmanagement, während **Todoist** oder **Microsoft To Do** für Aufgabenlisten nützlich sind. Tools wie **Forest** oder **Focus@Will** helfen bei Fokus und Konzentration. Diese Anwendungen bieten Vorteile wie Synchronisation über verschiedene Geräte, Erinnerungsfunktionen und die Visualisierung von Fortschritten. Vieles kannst du natürlich auch offline machen. Der haptische Kalender oder die Musik aus deiner Stereoanlage funktioniert genauso gut wie die digitalen Helfer. Das ist einfach Geschmackssache. Manche Menschen fühlen sich von zu viel Digitalisierung "überfordert". Dann ist es sinnvoll, auf die alt bewährten Methoden zurückzugreifen. Es gibt kein Muss, nur ein Kann.

Zeitblockierung ist eine weitere effektive Methode. Dabei planst du deine Zeit im Voraus, indem du spezifische Zeitblöcke für bestimmte Aufgaben reservierst. Du kannst deinen Kalender nutzen, um Aufgaben als Termine einzutragen, ähnliche Aufgaben zusammenfassen und Pufferzeiten für Unvorhergesehenes oder Pausen einplanen.

Getting Things Done (GTD) ist eine Methode von David Allen zur Organisation von Aufgaben und Projekten. Sie basiert auf den Grundprinzipien des Erfassens, Verarbeiten, Organisieren, Durchsehens und Erledigens von Aufgaben. Indem du alle Aufgaben und Ideen an einem Ort sammelst, entscheidest, was damit zu tun ist, und sie nach Kontext, Priorität und Zeitpunkt ordnest, schaffst du Klarheit und befreist deinen Geist von offenen Punkten.

Ein Beispiel für die Anwendung der Getting Things Done (GTD)-Methode könnte so aussehen:

Stell dir vor, du bist Anna, eine vielbeschäftigte Projektmanagerin, die sich oft von der Vielzahl ihrer Aufgaben überwältigt fühlt. Sie jongliert mit beruflichen Projekten, persönlichen Verpflichtungen und möchte nebenbei noch Zeit für ihre Hobbys finden. Um Ordnung in ihr Leben zu bringen und den Kopf von ständigen Gedanken an unerledigte Aufgaben zu befreien, beschließt sie, die GTD-Methode anzuwenden.

1. Erfassen (Capture):

Anna beginnt damit, **alle** Aufgaben, Ideen und Verpflichtungen, die ihre Aufmerksamkeit erfordern, zu sammeln. Sie nutzt dafür ein Notizbuch und eine digitale App.

Beispiele für ihre Sammlung:
- Fertigstellung des Projektberichts für Kunde X
- Planung des Team-Workshops nächste Woche
- Rückruf bei ihrem Zahnarzt vereinbaren
- Geburtstagsgeschenk für ihre beste Freundin kaufen
- Idee für einen Blogbeitrag über Zeitmanagement notieren
- Wöchentlichen Einkauf erledigen
- Anmeldung für den Online-Kurs "Fotografie"
- Fitnessstudio kündigen

2. Verarbeiten (Clarify):

Als Nächstes geht Anna ihre Liste durch und entscheidet bei jedem Punkt, **was damit zu tun ist**.

- Projektbericht für Kunde X: Erfordert konkrete Arbeitsschritte.
- Team-Workshop planen: Mehrere Aktionen notwendig.
- Zahnarzt anrufen: Kurzer Telefonanruf.
- Geburtstagsgeschenk kaufen: Muss bis Freitag erledigt sein.
- Blogbeitrag-Idee: Notiz für später.
- Einkauf erledigen: Wöchentliche Routineaufgabe.
- Online-Kurs anmelden: Interesse vorhanden, Entscheidung treffen.
- Fitnessstudio kündigen: Frist beachten, Aktion erforderlich.

3. Organisieren (Organize):

Anna ordnet die Aufgaben in passende Kategorien und erstellt Listen.

Nächste Aktionen:
  - Zahnarzt anrufen
  - Fitnessstudio kündigen
  - Einkaufsliste schreiben
  - Geburtstagsgeschenk kaufen

Projekte:
  - Projektbericht für Kunde X:
    - Gliederung erstellen
    - Daten analysieren
    - Bericht schreiben
  - Team-Workshop planen:
    - Agenda festlegen
    - Raum buchen
    - Teilnehmer einladen

Warten auf:
  - Rückmeldung von Kollegin bezüglich gemeinsamer Präsentation
  - Bestätigung der Teilnahme der verschiedenen Teilnehmer

Vielleicht/Eines Tages:
  - Idee für Blogbeitrag über Zeitmanagement
  - Anmeldung für den Online-Kurs "Fotografie" (wenn Zeit verfügbar)

Kalender:
  - Freitag: Deadline für Geburtstagsgeschenk
  - Nächste Woche: Team-Workshop
  - Monatsende: Kündigungsfrist Fitnessstudio beachten

4. Durchsehen (Reflect):

Anna plant regelmäßige Überprüfungen ein, um ihre Listen aktuell zu halten.

- Täglich: Kurzer Blick auf die "Nächste Aktionen"-Liste und den Kalender, um den Tag zu planen.
- Wöchentlich: Überprüfung aller Listen, Aktualisierung von Projekten, Hinzufügen neuer Aufgaben, Entfernen erledigter Punkte.

5. Erledigen (Engage):

Mit klaren Listen und Prioritäten beginnt Anna, die Aufgaben umzusetzen.

- Morgens: Sie ruft ihren Zahnarzt an und kündigt das Fitnessstudio per E-Mail.
- Mittagspause: Sie besorgt das Geburtstagsgeschenk für ihre Freundin.
- Nachmittags: Sie arbeitet an der Gliederung für den Projektbericht und erstellt die Agenda für den Team-Workshop.
- Abends: Sie schreibt die Einkaufsliste für den nächsten Tag.

Vorteile für Anna:

- Klarheit: Sie weiß genau, welche Aufgaben anstehen und was als Nächstes zu tun ist.
- Entlastung des Geistes: Durch das Erfassen aller Aufgaben muss sie nicht ständig an offene Punkte denken.
- Fokussierung: Sie kann sich auf eine Aufgabe nach der anderen konzentrieren, ohne sich ablenken zu lassen.
- Flexibilität: Sie kann schnell auf Veränderungen reagieren, da sie einen Überblick über alle Verpflichtungen hat.
- Effizienz: Durch die Organisation nach Kontext (z. B. Telefonate, Einkäufe) kann sie ähnliche Aufgaben bündeln und effizienter erledigen.

Durch die Anwendung der GTD-Methode hat Anna ihre Arbeitsweise strukturiert und die Kontrolle über ihre Aufgaben zurückgewonnen. Sie fühlt sich weniger gestresst und ist produktiver, da sie weiß, was zu tun ist und Prioritäten setzen kann. Indem sie alle Aufgaben und Ideen an einem Ort sammelt und systematisch verarbeitet, hat sie ihren Geist von ständigen Erinnerungen befreit und kann sich voll und ganz auf die Umsetzung konzentrieren.

Wie du GTD in deinem Alltag anwenden kannst:

- Beginne mit dem Erfassen: Nimm dir Zeit, alle offenen Aufgaben und Gedanken zu sammeln. Sei dabei gründlich und erlaube dir, alles aufzuschreiben, was deine Aufmerksamkeit beansprucht.
- Verarbeite deine Liste: Gehe jeden Punkt durch und entscheide, was damit zu tun ist. Kannst du die Aufgabe sofort erledigen (wenn sie weniger als zwei Minuten dauert), delegieren oder terminieren?
- Organisiere deine Aufgaben: Sortiere sie nach Kategorien wie "Nächste Aktionen", "Projekte", "Warten auf" und "Kalender". Nutze dabei ein System, das für dich funktioniert, sei es digital oder analog.
- Überprüfe regelmäßig: Plane feste Zeiten ein, um deine Listen zu aktualisieren und den Überblick zu behalten. So bleiben deine Aufgaben relevant und du kannst Prioritäten neu setzen.
- Handle gezielt: Nutze deine Listen, um effektiv zu arbeiten. Wähle Aufgaben entsprechend deiner aktuellen Situation, verfügbaren Zeit und Energie aus.

Durch dieses strukturierte Vorgehen nach der GTD-Methode kannst du, ähnlich wie Anna, Klarheit gewinnen, Stress reduzieren und deine Produktivität steigern. Es ermöglicht dir, dich auf das Wesentliche zu konzentrieren und deine Ziele effizienter zu erreichen.

Für effektives Zeitmanagement ist es wichtig, **klare Ziele** zu setzen, Multitasking zu vermeiden, dir realistische Fristen zu setzen und deine Methoden regelmäßig zu reflektieren und anzupassen.
Umgang mit Ablenkungen und Erschaffung einer produktiven Umgebung

Der **Umgang mit Ablenkungen** und die **Erschaffung einer produktiven Umgebung** sind essenziell, um Prokrastination zu überwinden. Es werden uns unzählige Möglichkeiten geboten, die Aufmerksamkeit zu verlieren, sei es durch Smartphones, E-Mails oder Lärm. Eine bewusste Gestaltung deiner Umgebung kann helfen, diese Ablenkungen zu minimieren.

Zunächst ist es wichtig, die **Ablenkungen** zu identifizieren, die dich am meisten beeinträchtigen. Es gibt interne Ablenkungen wie Gedanken, Sorgen oder Tagträume und externe Ablenkungen wie Geräusche, Benachrichtigungen oder Unterbrechungen durch andere Personen.

Um **digitale Ablenkungen** zu kontrollieren, kannst du Benachrichtigungen auf deinem Smartphone und Computer ausschalten. Programme wie Freedom oder Cold Turkey können dabei helfen, ablenkende Websites zu blockieren. Es kann auch hilfreich sein, E-Mails nur zu festgelegten Zeiten zu überprüfen, anstatt ständig erreichbar zu sein.

Die **physische Umgebung** zu optimieren ist ebenfalls wichtig. Ein aufgeräumter Arbeitsplatz reduziert visuelle Ablenkungen. Ergonomische Möbel fördern das Wohlbefinden, und angenehme Lichtverhältnisse sowie eine passende Raumtemperatur steigern die Konzentration. Wenn Lärm ein Problem darstellt, könntest du einen ruhigen Arbeitsbereich aufsuchen oder Kopfhörer verwenden, um störende Geräusche auszublenden.

Klare Signale an deine Umgebung können ebenfalls helfen. Ein "Nicht-stören"-Schild signalisiert Kollegen oder Familienmitgliedern, dass du ungestört arbeiten möchtest. Kommuniziere deine Arbeitszeiten, damit andere wissen, wann du verfügbar bist und wann nicht.

Interne Ablenkungen kannst du managen, indem du aufkommende Gedanken kurz notierst, um später darauf zurückzukommen. **Achtsamkeitstechniken** wie Meditation können helfen, den Fokus zu behalten und deine Gedanken zu beruhigen.

Eine **produktive Umgebung** zu erschaffen bedeutet auch, deinen Arbeitsplatz zu personalisieren. Motivierende Elemente wie Bilder, Zitate oder Pflanzen können die Stimmung heben. Ordnungssysteme helfen, Dokumente und Materialien organisiert zu halten. Durch die Etablierung von **Routinen** mit festen Arbeitszeiten und geplanten Pausen schaffst du Regelmäßigkeit, die die Gewohnheitsbildung fördert.

Es ist wichtig, auch auf deine **Gesundheit** zu achten. Integriere Bewegung in deinen Alltag, indem du regelmäßig aufstehst oder kurze Übungen machst. Ausreichend Wasser zu trinken und gesunde Snacks zu dir zu nehmen, unterstützt deine Konzentration und Leistungsfähigkeit.

Soziale Unterstützung ist ein weiterer wichtiger Aspekt. Ein Accountability-Partner kann dir helfen, Verbindlichkeit zu schaffen. Teile deine Ziele mit jemandem, der dich unterstützt, und vereinbart regelmäßige Check-ins, um Fortschritte und Herausforderungen zu besprechen. Der Austausch mit Gleichgesinnten in Arbeitsgruppen oder Coworking Spaces kann die Motivation fördern, und Online-Communities bieten die Möglichkeit, Erfahrungen und Tipps zu teilen.

Der Umgang mit Ablenkungen und die Schaffung einer produktiven Umgebung sind essenziell, um Prokrastination zu überwinden. Durch bewusste Maßnahmen kannst du deine Konzentration steigern und effektiver arbeiten. Es geht darum, proaktiv Hindernisse zu beseitigen und Bedingungen zu schaffen, die deine Ziele unterstützen.

Abschlussgedanken zu Kapitel 5

Die Überwindung von Prokrastination erfordert ein ganzheitliches Vorgehen. Selbstreflexion hilft dir, die Wurzeln deines Aufschiebeverhaltens zu verstehen. Mit effektiven Zeitmanagement-Tools kannst du deine Aufgaben besser organisieren und priorisieren. Indem du Ablenkungen minimierst und eine produktive Umgebung schaffst, erhöhst du deine Chancen auf Erfolg erheblich.

Es ist wichtig zu erkennen, dass Veränderungen Zeit brauchen. Sei geduldig mit dir selbst und feiere kleine Fortschritte.

Selbstreflexion nach Kapitel 5: Effektive Strategien zur Überwindung der Prokrastination

Nimm dir Zeit, um die folgenden Fragen zu beantworten:

1. Welche Auslöser führen bei mir am häufigsten zur Prokrastination?
   - Notiere spezifische Situationen oder Gefühle.

2. Welche Zeitmanagement-Tools sprechen mich am meisten an?
   - Wähle ein oder zwei Methoden aus, die du ausprobieren möchtest.

3. Welche Ablenkungen beeinträchtigen meine Produktivität am stärksten?
   - Entwickle einen Plan, um diese zu minimieren.

4. Wie kann ich meine Umgebung so gestalten, dass sie meine Ziele unterstützt?
   - Überlege konkrete Änderungen an deinem Arbeitsplatz oder Tagesablauf.

Notizbereich für deine Gedanken:

____

____

____

____

____

Durch die Anwendung der in diesem Kapitel vorgestellten Strategien bist du gut gerüstet, um Prokrastination effektiv zu begegnen. Im nächsten Kapitel werden wir uns damit beschäftigen, wie du langfristig motiviert bleibst und nachhaltige Gewohnheiten entwickeln kannst.

Kapitel 6: Motivation und Zielsetzung

Die Überwindung von Prokrastination ist ein Prozess, der nicht nur auf effektiven Strategien basiert, sondern vor allem auch auf einer starken inneren Motivation und klaren Zielsetzungen. Ohne ein überzeugendes "Warum" hinter deinen Handlungen kann es schwierig sein, die nötige Energie und Ausdauer aufzubringen, um das Aufschieben dauerhaft zu überwinden. Motivation ist der Treibstoff, der dich antreibt, und klare Ziele sind die Wegweiser, die dir die Richtung zeigen.

In diesem Kapitel möchte ich dir zeigen, wie du durch das Setzen erreichbarer Ziele, den Einsatz von Belohnungssystemen und die Visualisierung deines Erfolgs langfristig motiviert bleiben kannst. Wir werden gemeinsam erkunden, wie die Macht der kleinen Schritte dir hilft, große Vorhaben in machbare Etappen zu unterteilen, sodass du kontinuierlich Fortschritte erzielst und Erfolgserlebnisse sammelst.

Du wirst erfahren, wie **Belohnungssysteme** und **positive Verstärkung** deine Motivation steigern können. Indem du dir selbst Anerkennung für erreichte Meilensteine gibst, schaffst du eine positive Feedback-Schleife, die dich dazu ermutigt, weiterzumachen und neue Herausforderungen anzunehmen.

Ein weiterer Schwerpunkt liegt auf der **Visualisierung deines Erfolgs**. Durch gezielte mentale Techniken kannst du ein klares Bild von deinen Zielen und dem Weg dorthin entwickeln. Dies hilft nicht nur dabei, Hindernisse zu überwinden, sondern stärkt auch dein Selbstvertrauen und deine Entschlossenheit, dranzubleiben.

In den kommenden Abschnitten werden wir detailliert darauf eingehen, wie du diese Methoden in deinem Alltag anwenden kannst. Du wirst praktische Tipps und Beispiele erhalten, die dir dabei helfen, deine Motivation zu erhöhen und deine Ziele mit neuer Energie und Klarheit zu verfolgen. Gemeinsam werden wir Strategien entwickeln, die nicht nur kurzfristig wirken, sondern dir auch langfristig helfen.

Erinnere dich daran, dass Motivation und Zielsetzung keine starren Konzepte sind, sondern dynamische Elemente, die sich mit dir entwickeln. Indem du diese aktiv gestaltest und immer wieder anpasst, schaffst du eine solide Grundlage, um Prokrastination effektiv zu überwinden und deine persönlichen und beruflichen Ziele zu erreichen.

Die Macht der kleinen Schritte: Erreichbare Ziele setzen

Es ist leicht, sich von großen Zielen überwältigt zu fühlen. Vielleicht hast du den Wunsch, eine neue Sprache zu lernen, ein Buch zu schreiben oder deine Fitness zu verbessern. Diese Vorhaben können einschüchternd wirken und führen oft dazu, dass wir sie aufschieben. Hier kommt die Macht der kleinen Schritte ins Spiel.

Warum sind kleine Schritte so effektiv?

Die Methode, große Ziele in kleine, handhabbare Schritte zu unterteilen, hat mehrere entscheidende Vorteile. Erstens hilft sie dabei, die Überforderung zu überwinden, die oft mit ambitionierten Vorhaben einhergeht. Große Ziele können unüberschaubar und einschüchternd wirken, was dazu führt, dass man sie aufschiebt oder gar nicht erst beginnt. Indem du dein Ziel in kleinere Teilaufgaben zerlegst, erscheinen sie machbarer und du kannst dich auf konkrete Schritte konzentrieren, die unmittelbar umsetzbar sind.

Zweitens ermöglichen dir kleine Schritte kontinuierliche Erfolgserlebnisse. Jeder abgeschlossene Schritt gibt dir ein Gefühl der Errungenschaft und motiviert dich, weiterzumachen. Diese regelmäßigen Erfolgsmomente stärken dein Selbstvertrauen und halten die Motivation aufrecht, sodass du deinem großen Ziel stetig näher kommst. Es ist motivierend zu sehen, wie sich die einzelnen Puzzleteile zusammenfügen und Fortschritte sichtbar werden.

Drittens fördert die Umsetzung kleiner Schritte den Aufbau positiver Gewohnheiten. Regelmäßige kleine Handlungen integrieren sich leichter in deinen Alltag und werden mit der Zeit zur Routine. Diese neu etablierten Gewohnheiten unterstützen dich dabei, konsequent an deinen Zielen zu arbeiten, ohne dass es sich wie eine immense Anstrengung anfühlt. Über die Zeit summieren sich diese kleinen Anstrengungen zu bedeutenden Fortschritten, und du erreichst deine Ziele auf eine nachhaltige und stressfreie Weise.

Indem du die Macht der kleinen Schritte nutzt, machst du große Vorhaben greifbar und schaffst eine solide Grundlage für langfristigen Erfolg. Es ist ein Ansatz, der nicht nur effektiv ist, sondern auch Freude am Prozess selbst vermittelt.

Wie du erreichbare Ziele setzt

- **Spezifisch sein:** Definiere genau, was du erreichen möchtest. Anstatt zu sagen "Ich will mehr Sport treiben", formuliere "Ich möchte dreimal pro Woche 30 Minuten joggen".

- **Messbar machen:** Lege fest, wie du deinen Fortschritt messen kannst. So behältst du den Überblick und siehst, wie weit du gekommen bist.

- **Attraktiv gestalten:** Verbinde dein Ziel mit positiven Emotionen. Frage dich, warum es dir wichtig ist und welche Vorteile es bringt.

- **Realistisch bleiben:** Setze Ziele, die herausfordernd, aber erreichbar sind. Berücksichtige dabei deine aktuelle Lebenssituation und verfügbare Ressourcen.

- **Zeitlich begrenzen:** Gib deinem Ziel einen klaren Zeitrahmen. Deadlines helfen, den Fokus zu behalten und Prokrastination zu vermeiden.

Ein Beispiel aus dem Alltag

Stell dir vor, du möchtest ein Buch schreiben. Dieses Vorhaben kann überwältigend sein. Indem du das Ziel in kleine Schritte unterteilst, wird es greifbarer:

- Woche 1: Thema und Gliederung festlegen.
- Woche 2-4: Jeden Tag eine Stunde schreiben.
- Monat 2: Erstes Kapitel überarbeiten und Feedback einholen.
- Monat 3: Nächste Kapitel schreiben und überarbeiten.

Durch diese Aufteilung konzentrierst du dich auf den nächsten Schritt, anstatt dich von der Größe des Gesamtprojekts einschüchtern zu lassen.

Belohnungssysteme und positive Verstärkung

Die Motivation aufrechtzuerhalten kann eine der größten Herausforderungen sein, insbesondere wenn es um langfristige Ziele geht, die über Wochen, Monate oder sogar Jahre hinweg verfolgt werden müssen. Anfangs ist die Begeisterung oft groß, doch mit der Zeit können Hindernisse, Rückschläge oder schlicht der Alltag dazu führen, dass die anfängliche Euphorie nachlässt. Ohne eine konstante Motivation besteht die Gefahr, in alte Muster der Prokrastination zurückzufallen und das angestrebte Ziel aus den Augen zu verlieren.

Hier kommen Belohnungssysteme und positive Verstärkung ins Spiel, die sich als äußerst effektive Methoden erwiesen haben, um deine Motivation zu steigern und dein Durchhaltevermögen zu stärken. Indem du dir selbst regelmäßig Anerkennung für erreichte Zwischenziele gibst, schaffst du eine positive Feedback-Schleife, die dich dazu ermutigt, weiterhin engagiert an deinen Vorhaben zu arbeiten.

Warum Belohnungen funktionieren

Belohnungen aktivieren das Belohnungssystem in deinem Gehirn, was zur Ausschüttung von Dopamin führt – einem Neurotransmitter, der für Gefühle von Freude und Zufriedenheit verantwortlich ist. Diese chemische Reaktion verstärkt das positive Verhalten und erhöht die Wahrscheinlichkeit, dass du es wiederholst. Vorfreude auf eine Belohnung kann dich zusätzlich anspornen, auch schwierige Aufgaben anzugehen, da du einen greifbaren Anreiz hast, der über das abstrakte Fernziel hinausgeht.

Beispiel für eine Belohnung

Angenommen, du bereitest dich auf eine Prüfung vor. Für jeden Tag, an dem du konzentriert gelernt hast, belohnst du dich am Abend mit einer Folge deiner Lieblingsserie. Nach einer Woche erfolgreichen Lernens gönnst du dir einen freien Tag oder unternimmst etwas Besonderes mit Freunden.

Durch diese Kombination aus kurzfristigen und langfristigen Belohnungen bleibt deine Motivation hoch, und du siehst dem Lernen positiver entgegen.

Wie du ein effektives Belohnungssystem aufbaust

1. Klare Meilensteine definieren: Setze dir spezifische Etappenziele auf dem Weg zu deinem Hauptziel. Diese sollten messbar und erreichbar sein, sodass du deinen Fortschritt verfolgen kannst. Zum Beispiel könntest du dir vornehmen, jeden Tag 500 Wörter zu schreiben, wenn du ein Buch verfassen möchtest.

2. Passende Belohnungen wählen: Überlege dir Belohnungen, die dich wirklich motivieren und dir Freude bereiten. Diese können materiell sein, wie ein neues Buch oder ein Kleidungsstück, oder immateriell, wie ein entspannender Abend mit Freunden oder Zeit für dein Lieblingshobby. Achte darauf, dass die Belohnung im Verhältnis zum erreichten Meilenstein steht.

3. Konsistenz und Disziplin: Halte dich strikt an dein Belohnungssystem. Gönne dir die Belohnung nur, wenn du das gesetzte Ziel tatsächlich erreicht hast. Dies erhöht die Wirksamkeit des Systems und stärkt dein Selbstvertrauen in deine Selbstdisziplin.

4. Positive Selbstgespräche einbinden: Ergänze materielle Belohnungen durch positive Affirmationen. Lobe dich selbst für deine Anstrengungen und erkenne bewusst an, was du geleistet hast. Dies fördert ein positives Selbstbild und motiviert dich, weiterzumachen.

Beispiele für Affirmationen

Affirmationen sind positive, im Präsens formulierte Aussagen, die dazu dienen, dein Unterbewusstsein auf ein bestimmtes Ziel oder eine bestimmte Überzeugung auszurichten. Sie helfen dabei, negative Gedankenmuster zu durchbrechen und ein positives Selbstbild zu fördern.

Hier sind einige Beispiele für Affirmationen, die du in deinem Alltag verwenden kannst:

1. Ich glaube an meine Fähigkeiten und vertraue darauf, dass ich meine Ziele erreiche.

2. Jeden Tag mache ich Fortschritte und komme meinen Zielen näher.

3. Ich bin motiviert und fokussiert auf das, was ich erreichen möchte.

4. Ich handle proaktiv und erledige meine Aufgaben mit Leichtigkeit.

5. Herausforderungen sehe ich als Chancen zum Wachsen und Lernen.

6. Ich bin organisiert und plane meine Zeit effektiv.

7. Ich lasse Perfektionismus los und erlaube mir, Fehler zu machen.

8. Meine Anstrengungen werden belohnt, und ich freue mich über meine Erfolge.

9. Ich bin geduldig mit mir selbst und anerkenne meine Fortschritte.

10. Ich verdiene Erfolg und arbeite kontinuierlich daran, meine Träume zu verwirklichen.

Du kannst diese Affirmationen laut aussprechen, in Gedanken wiederholen oder sie aufschreiben und an einem sichtbaren Ort platzieren. Es ist wichtig, dass die Affirmationen für dich persönlich relevant sind und sich stimmig anfühlen. Du kannst sie auch anpassen oder eigene Formulierungen entwickeln, die deinen Zielen und Werten entsprechen.

Durch regelmäßige Wiederholung dieser positiven Aussagen stärkst du dein Selbstvertrauen und förderst eine optimistische Einstellung, die dir hilft, Prokrastination zu überwinden und motiviert an deinen Zielen zu arbeiten.

Positive Verstärkung im Alltag

Neben Belohnungen ist die positive Verstärkung ein mächtiges Instrument, um Motivation zu erhalten. Sie fokussiert darauf, Fortschritte zu erkennen und zu feiern, anstatt sich auf das zu konzentrieren, was noch nicht erreicht ist. Durch diese Perspektivverschiebung entsteht ein Gefühl der Zufriedenheit und des Stolzes, das dich energetisiert und antreibt.

- Erfolge dokumentieren: Führe ein Erfolgsjournal, in dem du täglich oder wöchentlich notierst, was du erreicht hast. Dies macht deine Fortschritte sichtbar und dient als Motivation für zukünftige Aufgaben.

- Sich selbst Anerkennung schenken: Nimm dir bewusst Zeit, um deine Leistungen wertzuschätzen. Das kann durch stille Reflexion, ein Gespräch mit einem Freund oder das Setzen eines Häkchens auf deiner To-do-Liste geschehen.

- Umfeld einbeziehen: Teile deine Erfolge mit vertrauenswürdigen Personen, die dich unterstützen. Positive Rückmeldungen von außen verstärken das Gefühl der Anerkennung und können zusätzliche Motivation liefern.

Umgang mit Herausforderungen

Selbst mit einem Belohnungssystem und positiver Verstärkung wirst du Phasen erleben, in denen die Motivation schwindet. In solchen Momenten ist es wichtig, flexibel zu bleiben und gegebenenfalls dein Belohnungssystem anzupassen. Vielleicht brauchst du kleinere, häufigere Belohnungen oder musst die Art der Belohnungen verändern, um sie wieder attraktiv zu machen.

Erkenne auch an, dass Rückschläge Teil jedes Entwicklungsprozesses sind. Nutze sie als Lerngelegenheiten, um zu verstehen, was nicht funktioniert hat, und passe deine Strategie entsprechend an. Sei geduldig mit dir selbst und erinnere dich daran, warum du dieses Ziel ursprünglich verfolgt hast.

Durch die kontinuierliche Anwendung dieser Methoden schaffst du eine nachhaltige Motivation, die über kurzfristige Anreize hinausgeht. Du trainierst dein Gehirn darauf, positive Emotionen mit dem Prozess der Zielerreichung zu verbinden, was langfristig zu einer intrinsischen Motivation führt. Mit der Zeit wirst du feststellen, dass du weniger auf externe Belohnungen angewiesen bist, da die innere Befriedigung über deine Fortschritte zur Hauptmotivation wird.

Die Aufrechterhaltung der Motivation ist ein fortlaufender Prozess, der aktives Engagement erfordert. Belohnungssysteme und positive Verstärkung bieten effektive Wege, um diesen Prozess zu unterstützen und dein Durchhaltevermögen zu stärken. Indem du dir selbst Anerkennung schenkst und deine Erfolge feierst, schaffst du eine positive und motivierende Umgebung, die dich dabei unterstützt, deine langfristigen Ziele zu erreichen und Prokrastination erfolgreich zu überwinden.

Motivation aufrechtzuerhalten kann eine Herausforderung sein, insbesondere bei langfristigen Zielen. Belohnungssysteme und positive Verstärkung sind effektive Methoden, um deine Motivation zu steigern und das Durchhaltevermögen zu stärken.

Visualisierung des Erfolgs und langfristige Motivation

Die **Visualisierung** ist eine kraftvolle Technik, die dir helfen kann, deine Ziele klarer zu sehen und die Motivation aufrechtzuerhalten. Indem du dir vorstellst, wie es sich anfühlt, dein Ziel erreicht zu haben, verstärkst du dein Engagement und überwindest Hindernisse leichter.

Die Kraft der Vorstellung

Die Visualisierung hat mehrere positive Effekte auf deine Motivation und
Zielerreichung. Erstens steigert sie dein Selbstvertrauen: Wenn du dir regelmäßig
deinen Erfolg vorstellst, glaubst du stärker an deine Fähigkeit, das Ziel zu erreichen.
Zweitens fokussierst du dich auf das Positive, da die Visualisierung deine Gedanken auf
positive Ergebnisse lenkt, anstatt dich auf mögliche Misserfolge zu konzentrieren.
Drittens wird dadurch dein Unterbewusstsein aktiviert, das daran arbeitet, die
vorgestellten Szenarien zu realisieren.

Techniken der Visualisierung

1. Klare Bilder erschaffen: Nimm dir täglich einige Minuten Zeit, um dir lebhaft
vorzustellen, wie du dein Ziel erreichst. Nutze dabei alle Sinne: Wie sieht es aus? Wie
fühlt es sich an? Welche Geräusche nimmst du wahr?

2. Vision Board erstellen: Sammle Bilder, Zitate oder Symbole, die dein Ziel
repräsentieren, und platziere sie an einem Ort, den du häufig siehst. Dies dient als
ständige Erinnerung und Inspiration. Dies kann z. B. als Collage erstellt werden.

3. Erfolgsgeschichten lesen: Beschäftige dich mit Geschichten von Menschen, die
ähnliche Ziele erreicht haben. Das motiviert und zeigt dir, dass dein Vorhaben machbar
ist.

4. Affirmationen nutzen: Formuliere positive Aussagen über dich und dein Ziel.
Wiederhole sie regelmäßig, um dein Selbstbild zu stärken.

Beispiel für die Visualisierung

Wenn du beispielsweise davon träumst, einen Marathon zu laufen, stelle dir vor, wie du
die Ziellinie überquerst. Spüre die Freude, höre den Applaus der Zuschauer und fühle
den Stolz auf deine Leistung. Diese mentale Übung kann dich motivieren, dein
Trainingsprogramm konsequent zu verfolgen.

Langfristige Motivation aufrechterhalten

Motivation ist oft zu Beginn eines neuen Projekts hoch, kann aber im Laufe der Zeit nachlassen. Die Kombination aus erreichbaren Zielen, Belohnungssystemen und Visualisierung hilft dir, langfristig motiviert zu bleiben.

- Regelmäßige Reflexion: Überprüfe regelmäßig deine Fortschritte und passe deine Ziele bei Bedarf an. Feiere Erfolge, egal wie klein sie sind.

- Erinnerung an den Zweck: Halte dir stets vor Augen, warum du dieses Ziel verfolgst. Dein persönlicher Grund ist der stärkste Motivator.

- Umgang mit Rückschlägen: Akzeptiere, dass es nicht immer glattläuft. Sieh Rückschläge als Lernchancen und bleibe flexibel in deiner Herangehensweise.

Motivation und Zielsetzung sind entscheidende Faktoren bei der Überwindung von Prokrastination. Indem du die Macht der kleinen Schritte nutzt und erreichbare Ziele setzt, machst du kontinuierliche Fortschritte. Belohnungssysteme und positive Verstärkung halten deine Motivation aufrecht und machen den Weg zum Ziel angenehmer. Durch die Visualisierung deines Erfolgs stärkst du dein inneres Engagement und schaffst eine positive Einstellung, die dich langfristig begleitet.

Erinnere dich daran, dass jeder große Erfolg mit einem kleinen Schritt beginnt. Indem du diese Strategien in deinen Alltag integrierst, legst du den Grundstein für persönliches Wachstum und die Erfüllung deiner Träume.

Abschlussgedanken zu Kapitel 6

In diesem Kapitel haben wir die zentrale Rolle von Motivation und Zielsetzung bei der Überwindung von Prokrastination beleuchtet. Durch das Setzen erreichbarer Ziele und die Nutzung der Macht der kleinen Schritte kannst du große Vorhaben in machbare Etappen unterteilen. Dies hilft dir, kontinuierliche Fortschritte zu erzielen und Erfolgserlebnisse zu sammeln, die deine Motivation stärken.

Belohnungssysteme und positive Verstärkung sind effektive Methoden, um deine Motivation aufrechtzuerhalten und dein Durchhaltevermögen zu fördern. Indem du dir selbst Anerkennung für erreichte Meilensteine gibst, schaffst du eine positive Feedback-Schleife, die dich dazu ermutigt, weiterhin engagiert an deinen Zielen zu arbeiten.

Die Visualisierung deines Erfolgs unterstützt dich dabei, ein klares Bild von deinen Zielen zu entwickeln und dein Unterbewusstsein auf die Realisierung vorzubereiten. Durch regelmäßige mentale Übungen stärkst du dein Selbstvertrauen und fokussierst dich auf positive Ergebnisse, was dir hilft, Hindernisse zu überwinden.

Erinnere dich daran, dass Motivation ein dynamischer Prozess ist, der Pflege und Aufmerksamkeit erfordert. Indem du die in diesem Kapitel vorgestellten Strategien in deinen Alltag integrierst, legst du eine solide Grundlage für langfristigen Erfolg und persönliches Wachstum. Sei geduldig mit dir selbst und feiere jeden Fortschritt, egal wie klein er erscheint. Mit Ausdauer und der richtigen Einstellung kannst du Prokrastination überwinden und deine Ziele mit neuer Energie und Klarheit verfolgen.

Selbstreflexion nach Kapitel 6: Motivation und Zielsetzung

Nimm dir Zeit, um die folgenden Fragen zu beantworten und deine Gedanken festzuhalten:

1. Welche großen Ziele habe ich, die ich in kleinere, erreichbare Schritte unterteilen kann?
   - Wie kann ich diese Schritte konkret planen und in meinen Alltag integrieren?

2. Wie kann ich ein Belohnungssystem in meinen Alltag einbauen, um meine Motivation zu steigern?
   - Welche Belohnungen motivieren mich besonders?
   - Bei welchen Meilensteinen möchte ich mich belohnen?

3. Wie kann ich die Visualisierung meines Erfolgs nutzen, um meine Ziele klarer zu sehen und mich langfristig zu motivieren?
   - Möchte ich Affirmationen verwenden oder ein Vision Board erstellen?
   - Wie kann ich regelmäßig Zeit für diese Übungen einplanen?

4. Welche Affirmationen könnten mich dabei unterstützen, mein Selbstvertrauen zu stärken und Prokrastination zu überwinden?
   - Formuliere drei bis fünf positive Aussagen, die für dich persönlich bedeutsam sind.

5. Was habe ich bisher getan, um meine Motivation aufrechtzuerhalten, und was kann ich verbessern?
   - Gibt es Strategien aus diesem Kapitel, die ich ausprobieren möchte?

Notizbereich für deine Gedanken:

____

____

____

____

____

Durch die ehrliche Auseinandersetzung mit diesen Fragen kannst du ein tieferes Verständnis für deine Motivation und Ziele entwickeln. Nutze diesen Moment der Reflexion, um konkrete Schritte zu planen und die in diesem Kapitel vorgestellten Methoden in deinem Leben umzusetzen. Denke daran, dass jeder Weg individuell ist und du deine Strategien an deine persönlichen Bedürfnisse anpassen kannst.

Kapitel 7: Wie du Prokrastination langfristig besiegst

Die Überwindung von Prokrastination ist ein tiefgreifender Prozess, der Zeit, Geduld und kontinuierliche Anstrengung erfordert. Es geht nicht nur darum, das Aufschieben kurzfristig zu vermeiden oder ein paar Tricks anzuwenden, sondern darum, nachhaltige Veränderungen in deinem Denken und Verhalten zu erreichen. Prokrastination ist oft das Ergebnis jahrelang eingeprägter Muster und Gewohnheiten, die tief in unserem Unterbewusstsein verankert sind. Deshalb ist es wichtig, einen ganzheitlichen Ansatz zu wählen, der sowohl die äußeren als auch die inneren Faktoren berücksichtigt.

In diesem Kapitel werden wir gemeinsam erkunden, wie du diese alten Gewohnheiten erkennen und durch neue, positive Muster ersetzen kannst. Wir tauchen tief in die Psychologie der Gewohnheitsbildung ein und zeigen dir, wie du Schritt für Schritt Veränderungen einleitest, die Bestand haben. Dabei betrachten wir nicht nur die offensichtlichen Hindernisse, sondern auch die subtilen inneren Blockaden, die oft unbewusst wirken.

Ein wichtiger Aspekt auf diesem Weg ist der Umgang mit Rückfällen und Hindernissen. Jeder Veränderungsprozess ist von Höhen und Tiefen geprägt, und es ist normal, dass es Phasen gibt, in denen alte Muster wieder auftauchen. Anstatt diese Rückschläge als Versagen zu betrachten, lernst du, sie als wertvolle Lernchancen zu sehen. Ich zeige dir Strategien, wie du konstruktiv mit diesen Herausforderungen umgehst und daraus gestärkt hervorgehst.

Prokrastination kann auch als Spiegel dienen, der uns tiefere Einblicke in uns selbst gewährt. Indem wir uns mit den Gründen für unser Aufschiebeverhalten auseinandersetzen, öffnen wir die Tür zu persönlichem Wachstum und Selbstentdeckung. Du wirst erfahren, wie Prokrastination dir Hinweise darauf geben kann, welche Bereiche deines Lebens mehr Aufmerksamkeit benötigen und wie du diese Erkenntnisse für deine Weiterentwicklung nutzt.

Ein weiterer Schwerpunkt dieses Kapitels liegt auf dem Aufbau und der Festigung von Routinen. Routinen sind mächtige Werkzeuge, die uns helfen, neue Gewohnheiten zu etablieren und unseren Alltag effizienter zu gestalten. Du wirst lernen, wie du Routinen entwickelst, die zu deinem Lebensstil passen, und wie du sie langfristig aufrechterhältst. Dabei gebe ich dir praktische Tipps und Techniken an die Hand, die leicht umzusetzen sind und sofort Wirkung zeigen.

Abschließend stelle ich dir eine Auswahl an Büchern und Ressourcen vor, die dir weiterführende Strategien und tiefergehende Einblicke bieten. Diese Materialien können dir zusätzliche Unterstützung auf deinem Weg bieten und dir helfen, dein Verständnis zu vertiefen.

Dieses Kapitel soll dich nicht nur mit Wissen ausstatten, sondern dich auch inspirieren und motivieren. Es lädt dich ein, dich selbst besser kennenzulernen, neue Wege zu gehen und das volle Potenzial deines Lebens zu entfalten. Die Reise mag herausfordernd sein, aber die Belohnungen sind groß.

Gewohnheiten verändern und neue Muster etablieren

Die Tiefe unserer Gewohnheiten verstehen

Gewohnheiten sind komplexe Verhaltensmuster, die tief in unserem täglichen Leben verwurzelt sind. Sie sind mehr als nur wiederholte Handlungen; sie sind **automatische Reaktionen**, die durch bestimmte **Auslöser** oder **Trigger** aktiviert werden. Diese Auslöser können vielfältig sein, wie zum Beispiel ein bestimmter Ort, eine Zeit, ein Gefühl oder sogar andere Personen. Sobald der Auslöser eintritt, wird die Gewohnheitsschleife gestartet, und das Verhalten folgt oft ohne bewusstes Nachdenken.

Das Zusammenspiel von Neurologie, Psychologie und sozialem Umfeld

Auf neurologischer Ebene sind Gewohnheiten in den Strukturen unseres Gehirns verankert. Wiederholte Handlungen stärken die synaptischen Verbindungen zwischen Neuronen, was dazu führt, dass bestimmte Verhaltensweisen automatisiert werden. Ein wichtiger Bereich dabei sind die **Basalganglien**, die für die Steuerung von Routinehandlungen verantwortlich sind. Wenn eine Gewohnheit gebildet wird, überträgt das Gehirn die Kontrolle von bewussten Entscheidungsprozessen hin zu diesen tieferen Hirnregionen. Dadurch wird weniger kognitive Energie benötigt, und das Verhalten wird effizienter ausgeführt.

Psychologisch gesehen basieren Gewohnheiten auf dem Prinzip von **Reiz** und **Reaktion** sowie **Belohnung**. Wenn ein Verhalten zu einem positiven Ergebnis führt, steigt die Wahrscheinlichkeit, dass es wiederholt wird. Dieser Prozess wird durch **Dopamin**, einen Neurotransmitter, der für Gefühle von Belohnung und Vergnügen verantwortlich ist, verstärkt. Unsere Emotionen, Motivationen und früheren Erfahrungen beeinflussen maßgeblich, welche Gewohnheiten wir entwickeln und wie stark sie in unserem Verhalten verankert sind.

Unser soziales Umfeld spielt eine entscheidende Rolle bei der Bildung und Aufrechterhaltung von Gewohnheiten. Wir sind soziale Wesen und neigen dazu, Verhaltensweisen von Menschen in unserer Umgebung zu imitieren. **Soziale Normen**, Erwartungen und der Wunsch nach Zugehörigkeit können uns dazu bewegen, bestimmte Gewohnheiten anzunehmen oder beizubehalten. Freunde, Familie und Kollegen können positive Einflüsse sein, aber auch negative Gewohnheiten fördern.

Warum das Verständnis dieser Mechanismen der Schlüssel zur Veränderung ist

Bewusste Wahrnehmung: Indem du verstehst, wie Gewohnheiten funktionieren, kannst du deine automatischen Verhaltensweisen bewusster wahrnehmen. Dieses Bewusstsein ist der erste Schritt, um ungewollte Gewohnheiten zu ändern oder neue, positive Gewohnheiten zu etablieren.

Identifikation von Auslösern: Wenn du die Auslöser erkennst, die bestimmte Gewohnheiten aktivieren, kannst du gezielt Strategien entwickeln, um diese Auslöser zu vermeiden, zu verändern oder ihnen anders zu begegnen. Das ermöglicht es dir, den automatischen Ablauf zu unterbrechen.

Gezielte Intervention: Durch das Verständnis der neurologischen und psychologischen Prozesse kannst du effektive Methoden anwenden, um Gewohnheiten zu verändern. Zum Beispiel kannst du Ersatzgewohnheiten einführen, die ähnliche Belohnungen bieten, aber gesünder oder produktiver sind.

Soziale Unterstützung nutzen: Indem du erkennst, wie dein Umfeld deine Gewohnheiten beeinflusst, kannst du Unterstützung suchen oder dein Umfeld so gestalten, dass es positive Veränderungen fördert. Das kann bedeuten, dich mit Menschen zu umgeben, die ähnliche Ziele verfolgen, oder gemeinsame Aktivitäten zu planen, die neue Gewohnheiten stärken.

Ein praktisches Beispiel:

Situation: Du stellst fest, dass du nach der Arbeit oft unbewusst zum Kühlschrank gehst und Snacks isst, obwohl du keinen Hunger hast.

Analyse: **Auslöser**: Der Moment, wenn du nach Hause kommst und dich gestresst oder müde fühlst. **Routine**: Das Essen von Snacks zur Entspannung. **Belohnung**: Kurzfristiges Wohlbefinden oder Trost durch das Essen.

Verständnis anwenden: Neurologie: Dein Gehirn hat die Verbindung zwischen dem Auslöser (nach Hause kommen, Stress) und der Belohnung (Wohlbefinden durch Essen) verinnerlicht. **Psychologie:** Emotionaler Stress oder Müdigkeit führen dazu, dass du Trost im Essen suchst. **Soziales Umfeld:** Vielleicht ist es eine Gewohnheit in deiner Familie, Stress mit Essen zu begegnen, oder du hast leicht zugängliche Snacks zu Hause.

Veränderungsstrategie:

1. Auslöser erkennen und bewusst wahrnehmen.
2. Neue Routine einführen: Statt direkt zum Kühlschrank zu gehen, planst du einen kurzen Spaziergang oder hörst entspannende Musik.
3. Belohnung anpassen: Das Gefühl der Entspannung durch Bewegung oder Musik ersetzt die vorherige Belohnung durch Essen.
4. Soziales Umfeld einbeziehen: Informiere deine Familie über dein Vorhaben, damit sie dich unterstützen können, oder räume ungesunde Snacks aus dem Sichtfeld.

Gewohnheiten sind tiefgreifende, automatisierte Verhaltensweisen, die durch das komplexe Zusammenspiel von **Neurologie, Psychologie** und **sozialem Umfeld** entstehen. Sie bestimmen einen großen Teil unseres täglichen Handelns, oft ohne, dass wir uns dessen bewusst sind. Das Verständnis dieser Mechanismen ermöglicht es dir, die Kontrolle über deine Gewohnheiten zu übernehmen. Indem du erkennst, wie und warum bestimmte Verhaltensweisen ablaufen, kannst du gezielt eingreifen, ungewünschte Gewohnheiten durchbrechen und positive Routinen etablieren.

Diese Erkenntnis ist der Schlüssel zur persönlichen Veränderung. Sie befähigt dich, nicht nur oberflächliche Anpassungen vorzunehmen, sondern tiefgreifende, nachhaltige Veränderungen in deinem Leben zu erreichen. Es erfordert Bewusstsein, Reflexion und oft auch Geduld. Aber die Fähigkeit, deine Gewohnheiten zu steuern, öffnet die Tür zu größerer Selbstbestimmung und persönlichem Wachstum.

Der Weg zur dauerhaften Veränderung

Der Weg zur dauerhaften Veränderung ist ein Prozess, der Zeit, Geduld und kontinuierliche Anstrengung erfordert. Es ist wichtig zu verstehen, dass tief verwurzelte Gewohnheiten und Verhaltensmuster nicht über Nacht geändert werden können. Veränderungen geschehen schrittweise, und es ist normal, dass es dabei Höhen und Tiefen gibt. Geduldig zu sein bedeutet, dir selbst den Raum und die Zeit zu geben, die du für Wachstum und Entwicklung benötigst.

Ein hilfreiches Instrument auf diesem Weg kann das **Führen eines Tagebuchs** sein. Indem du regelmäßig deine Gedanken, Gefühle und Erfahrungen niederschreibst, schaffst du eine bewusste Verbindung zu deinem inneren Prozess. Das Tagebuch ermöglicht es dir, deine Fortschritte zu dokumentieren und Muster zu erkennen, die dir vielleicht vorher nicht bewusst waren. Du kannst nachvollziehen, welche Situationen oder Emotionen bestimmte Verhaltensweisen auslösen, und so gezielter an Veränderungen arbeiten.

Es ist ebenso wichtig, kleine Erfolge zu feiern und dir selbst **Anerkennung** für jeden Schritt nach vorne zu geben, egal wie klein er scheint. Diese positiven Bestätigungen stärken dein Selbstvertrauen und motivieren dich, weiterzumachen. Sie erinnern dich daran, dass du auf dem richtigen Weg bist und dass deine Bemühungen Früchte tragen.

Nachsicht mit dir selbst zu üben ist ein weiterer entscheidender Aspekt. Es wird Tage geben, an denen es nicht so läuft, wie du es dir vorgenommen hast. Vielleicht fällst du in alte Muster zurück oder fühlst dich entmutigt. In solchen Momenten ist es wichtig, dich nicht zu verurteilen, sondern mit Verständnis und Mitgefühl auf dich selbst zu schauen. Erkenne an, dass Rückschläge ein natürlicher Teil jedes Veränderungsprozesses sind. Sie bieten die Gelegenheit, daraus zu lernen und gestärkt weiterzugehen.

Der Weg zur dauerhaften Veränderung ist nicht immer einfach, aber er ist lohnend. Jeder Schritt, den du gehst, bringt dich näher an deine Ziele und trägt zu deinem persönlichen Wachstum bei. Indem du geduldig bist, deine Fortschritte bewusst wahrnimmst und freundlich mit dir selbst umgehst, schaffst du die besten

Voraussetzungen für nachhaltigen Erfolg. Erinnere dich daran, dass es nicht nur um das Erreichen eines bestimmten Ziels geht, sondern auch um die Reise dorthin und die positiven Veränderungen, die du auf diesem Weg in dir selbst entdeckst.

Rückfälle vermeiden und mit Hindernissen umgehen

Die Natur von Rückfällen

Rückfälle sind ein natürlicher und unvermeidlicher Bestandteil jedes Veränderungsprozesses. Sie bedeuten nicht, dass du gescheitert bist oder mangelnde Willenskraft hast, sondern vielmehr, dass du ein Mensch bist, der sich in einem komplexen Entwicklungsprozess befindet. Jeder, der versucht, alte Gewohnheiten abzulegen oder neue Verhaltensweisen zu etablieren, wird früher oder später auf Rückschläge stoßen. Diese Phasen können frustrierend sein und Zweifel aufkommen lassen, doch sie bieten auch eine wertvolle Gelegenheit, mehr über dich selbst zu lernen und deine Strategien zu verfeinern.

Warum Rückfälle passieren

Es gibt verschiedene Gründe, warum Rückfälle auftreten, und es ist wichtig, diese zu verstehen, um ihnen effektiv begegnen zu können. Einer der häufigsten Gründe sind **unrealistische Erwartungen**. Wenn du dir Ziele setzt, die zu hoch gesteckt oder innerhalb eines zu kurzen Zeitrahmens unerreichbar sind, kann dies schnell zu Überforderung führen. Die anfängliche Motivation kann nachlassen, wenn die gewünschten Ergebnisse nicht sofort eintreten. Diese Enttäuschung kann dazu führen, dass du in alte Muster zurückfällst, weil sie vertraut und bequem sind.

Ein weiterer Faktor ist die **fehlende Unterstützung**. Veränderungen gelingen oft besser, wenn man ein unterstützendes Umfeld hat. Ohne Freunde, Familie oder Kollegen, die dich ermutigen und motivieren, kann es schwieriger sein, neue Gewohnheiten dauerhaft zu etablieren. Du könntest das Gefühl haben, alleine gegen Windmühlen zu kämpfen, was die Wahrscheinlichkeit eines Rückfalls erhöht. Ein unterstützendes Netzwerk hingegen kann dir helfen, Herausforderungen zu meistern und auf Kurs zu bleiben.

Stress und emotionale Belastungen spielen ebenfalls eine entscheidende Rolle. In Zeiten von Stress, Traurigkeit oder Angst neigt das Gehirn dazu, auf vertraute Verhaltensweisen zurückzugreifen, um Komfort oder Kontrolle zu erlangen. Alte Gewohnheiten, auch wenn sie unproduktiv oder schädlich sind, können in solchen Momenten besonders verlockend sein. Sie bieten kurzfristige Erleichterung, lenken jedoch langfristig von deinen Zielen ab. Es ist wichtig zu erkennen, dass solche emotionalen Zustände deine Anfälligkeit für Rückfälle erhöhen und entsprechend Strategien zu entwickeln, um damit umzugehen.

Strategien zum Umgang mit Rückfällen

Der erste Schritt im Umgang mit Rückfällen ist die **Akzeptanz**. Erkenne an, dass Rückfälle ein normaler Teil des Veränderungsprozesses sind und keine endgültige Niederlage darstellen. Indem du dir selbst gegenüber mitfühlend bist, reduzierst du negative Selbsturteile und schaffst Raum für konstruktives Handeln. Sage dir selbst, dass es in Ordnung ist, Fehler zu machen, und dass jeder Schritt, selbst wenn er rückwärts zu gehen scheint, Teil deiner Lernkurve ist.

Statt dich selbst zu kritisieren, ist es hilfreich, den Rückfall **analytisch** zu betrachten. Frage dich: Was hat zu diesem Rückfall geführt? Gab es bestimmte Auslöser oder Situationen, die das alte Verhalten aktiviert haben? Vielleicht waren es bestimmte Orte, Menschen oder Emotionen. Indem du die **Ursachen identifizierst**, kannst du gezielte Maßnahmen ergreifen, um zukünftige Rückfälle zu vermeiden. Überlege, welche Strategien in solchen Situationen helfen könnten. Könntest du zum Beispiel alternative Aktivitäten planen, um Versuchungen zu umgehen, oder Entspannungstechniken anwenden, um Stress abzubauen?

Es ist auch wichtig, **Unterstützung zu suchen**. Sprich mit Freunden, Familie oder professionellen Beratern über deine Erfahrungen. Oft kann das Teilen deiner Gedanken und Gefühle dir helfen, eine neue Perspektive zu gewinnen und dich weniger allein zu fühlen. Andere können dir Ratschläge geben, dich ermutigen und dir helfen, motiviert zu bleiben. Ein unterstützendes Umfeld kann den Unterschied ausmachen, wenn es darum geht, nach einem Rückfall wieder aufzustehen und weiterzumachen.

Hindernisse proaktiv angehen

Um Rückfällen vorzubeugen, ist es hilfreich, potenzielle Hindernisse im Voraus zu erkennen und Strategien zu entwickeln, um ihnen entgegenzuwirken. Wenn du zum Beispiel weißt, dass du in stressigen Zeiten eher dazu neigst, Aufgaben aufzuschieben, kannst du Entspannungstechniken wie Meditation, Atemübungen oder Yoga in deinen Alltag integrieren. Plane regelmäßige Pausen ein, um dich zu erholen und deinen Stresspegel zu senken. Eine gute Work-Life-Balance kann dazu beitragen, dass du weniger anfällig für Rückfälle bist.

Es kann auch hilfreich sein, deine Umgebung so zu gestalten, dass sie deine neuen Gewohnheiten unterstützt. Entferne Ablenkungen oder Versuchungen, die dich in alte Muster zurückfallen lassen könnten. Wenn du beispielsweise weniger Zeit in sozialen Medien verbringen möchtest, könntest du Apps nutzen, die deine Bildschirmzeit begrenzen, oder bestimmte Benachrichtigungen ausschalten. Indem du dein Umfeld anpasst, machst du es dir leichter, an deinen Zielen festzuhalten.

Darüber hinaus solltest du realistische **Erwartungen** an dich selbst haben. Setze dir Ziele, die herausfordernd, aber erreichbar sind. Es ist besser, kleine, kontinuierliche Fortschritte zu machen, als sich durch zu hohe Anforderungen zu überfordern. Feiere jeden noch so kleinen Erfolg und erkenne an, dass Veränderung ein Prozess ist, der Zeit braucht.

Abschließend ist es wichtig zu verstehen, dass Rückfälle nicht das Ende deines Weges bedeuten. Sie sind vielmehr eine Gelegenheit, zu reflektieren, zu lernen und gestärkt daraus hervorzugehen. Indem du Rückschläge als natürlichen Teil deiner Entwicklung akzeptierst und aktiv Strategien entwickelst, um mit ihnen umzugehen, baust du Resilienz auf. Diese Widerstandsfähigkeit wird dir nicht nur dabei helfen, Prokrastination zu überwinden, sondern auch andere Herausforderungen in deinem Leben zu meistern.

Erinnere dich daran, geduldig und freundlich zu dir selbst zu sein. Jeder Schritt, den du unternimmst, bringt dich näher an dein Ziel, selbst wenn der Weg manchmal holprig ist. Mit Selbstmitgefühl, Achtsamkeit und der Bereitschaft, aus Erfahrungen zu lernen, kannst du Rückfälle überwinden und nachhaltig positive Veränderungen in deinem Leben bewirken.

Prokrastination als Chance für persönliches Wachstum sehen

Eine neue Perspektive einnehmen

Prokrastination wird häufig ausschließlich als hinderliches oder negatives Verhalten betrachtet, das es um jeden Preis zu vermeiden gilt. Doch was wäre, wenn wir dieses Phänomen aus einem anderen Blickwinkel betrachten? Anstatt uns selbst für das Aufschieben zu verurteilen, können wir es als wertvolles Signal unseres Körpers und Geistes verstehen. Prokrastination kann uns wichtige Hinweise darauf geben, was in unserem Leben nicht im Gleichgewicht ist und wo möglicherweise unbewusste Bedürfnisse oder Ängste liegen.

Die Botschaften hinter dem Aufschieben erkennen

Unser Verhalten ist oft ein Spiegel unserer inneren Welt. Wenn wir ständig Aufgaben aufschieben, kann dies darauf hindeuten, dass bestimmte Aspekte unseres Lebens unserer Aufmerksamkeit bedürfen. Prokrastination kann verschiedene Ursachen haben, und das Erkennen dieser Gründe ist ein entscheidender Schritt auf dem Weg zu persönlichem Wachstum.

Überforderung und Stress

Manchmal schieben wir Aufgaben auf, weil wir uns überfordert fühlen. Die schiere Menge an Verpflichtungen oder die Komplexität einer Aufgabe kann uns lähmen. Prokrastination wird dann zu einer unbewussten Strategie, um uns vor zusätzlichem Stress zu schützen. Indem wir dieses Muster erkennen, können wir lernen, besser mit unseren Ressourcen umzugehen, Prioritäten zu setzen und uns Pausen zu gönnen, wenn wir sie brauchen.

Mangelnde Motivation oder Leidenschaft

Wenn wir Aufgaben immer wieder vor uns herschieben, kann dies ein Zeichen dafür sein, dass sie nicht mit unseren Interessen oder Werten übereinstimmen. Vielleicht verfolgen wir Ziele, die nicht wirklich unsere eigenen sind, sondern die Erwartungen anderer erfüllen sollen. Dies bietet die Gelegenheit, innezuhalten und zu reflektieren, was wir wirklich wollen. Es ermöglicht uns, unsere Ziele neu auszurichten und einen Weg zu finden, der uns mehr Erfüllung bringt.

Angst vor Versagen oder Erfolg

Tief sitzende Ängste können uns davon abhalten, aktiv zu werden. Die Angst vor dem
Versagen kann dazu führen, dass wir Aufgaben meiden, um uns vor Enttäuschungen
oder Kritik zu schützen. Interessanterweise kann auch die Angst vor Erfolg eine Rolle
spielen. Der Gedanke, dass sich unser Leben durch Erfolg erheblich verändern könnte,
kann beängstigend sein. Das Erkennen dieser Ängste erlaubt es uns, uns ihnen zu
stellen und Strategien zu entwickeln, um sie zu überwinden.

Perfektionismus

Der Wunsch, alles perfekt zu machen, kann paralysierend wirken. Wenn wir glauben,
dass unsere Arbeit nicht den höchsten Standards entspricht, neigen wir dazu, sie
aufzuschieben oder gar nicht erst zu beginnen. Indem wir verstehen, dass Perfektion
unerreichbar ist und dass Fehler Teil des Lernprozesses sind, können wir uns erlauben,
unvollkommen zu sein und dennoch voranzukommen.

Prokrastination als Spiegel der Selbstfürsorge

Unser Umgang mit Prokrastination kann auch Aufschluss darüber geben, wie wir für uns
selbst sorgen. Wenn wir ständig erschöpft sind oder uns keine Zeit für Erholung gönnen,
signalisiert uns unser Körper möglicherweise durch das Aufschieben, dass wir eine
Pause benötigen. Das Bewusstsein dafür kann uns dazu anregen, besser auf unsere
körperlichen und emotionalen Bedürfnisse zu achten.

- **Achtsamkeit praktizieren**: Durch bewusste Wahrnehmung unserer Gefühle und
  Gedanken können wir Muster erkennen, die zur Prokrastination führen.
  Achtsamkeit hilft uns, im Moment zu leben und uns nicht von Sorgen über die
  Zukunft oder der Vergangenheit ablenken zu lassen.

- **Selbstmitgefühl entwickeln**: Anstatt uns für das Aufschieben zu verurteilen,
  können wir uns selbst mit Freundlichkeit und Verständnis begegnen. Dies fördert
  ein positives Selbstbild und reduziert Stress, der oft mit Prokrastination
  verbunden ist.

Chancen für Wachstum und Veränderung

Indem wir Prokrastination als Hinweisgeber betrachten, eröffnen wir uns Möglichkeiten für persönliches Wachstum. Wir können beginnen, uns selbst besser kennenzulernen und tiefere Einblicke in unsere Motivationen, Ängste und Wünsche zu gewinnen. Dieser Prozess der Selbstreflexion kann transformative Veränderungen in unserem Leben bewirken.

Selbsterkenntnis vertiefen

Das Erforschen der Gründe hinter unserem Aufschiebeverhalten führt zu einem tieferen Selbstverständnis. Wir erkennen unsere Stärken und Schwächen, unsere Bedürfnisse und Grenzen. Dieses Wissen befähigt uns, bewusstere Entscheidungen zu treffen und unser Leben authentischer zu gestalten.

Persönliche Ziele neu definieren

Mit den gewonnenen Erkenntnissen können wir unsere Ziele und Prioritäten überdenken. Vielleicht entdecken wir neue Leidenschaften oder erkennen, dass bestimmte Ziele nicht mehr mit unseren Werten übereinstimmen. Dies ermöglicht es uns, unseren Lebensweg neu auszurichten und erfüllendere Erfahrungen zu machen.

Resilienz aufbauen

Der Umgang mit Prokrastination und die Überwindung der dahinterliegenden Herausforderungen stärken unsere innere Widerstandsfähigkeit. Wir lernen, mit Schwierigkeiten umzugehen, flexibel zu bleiben und uns an Veränderungen anzupassen. Diese Fähigkeiten sind wertvoll in allen Bereichen des Lebens.

Wie man Routinen aufbaut und durchhält

Die Kraft der kleinen Schritte

Große Veränderungen beginnen oft mit kleinen Schritten. Dieser Grundsatz ist besonders relevant, wenn es darum geht, neue Routinen aufzubauen und dauerhaft in den Alltag zu integrieren. Indem du einfache Routinen in dein tägliches Leben einbaust, legst du den Grundstein für nachhaltige Gewohnheiten, die dir helfen, Prokrastination zu überwinden und deine Ziele zu erreichen.

Der Aufbau von Routinen erfordert Geduld und Beständigkeit. Es geht nicht darum, dein gesamtes Leben von heute auf morgen umzukrempeln, sondern darum, schrittweise Veränderungen vorzunehmen, die sich langfristig positiv auswirken. Kleine, konsequente Handlungen summieren sich über die Zeit und führen zu bemerkenswerten Ergebnissen.

Warum kleine Schritte so effektiv sind

- Überwindung von Widerstand: Große Veränderungen können überwältigend wirken und inneren Widerstand hervorrufen. Kleine Schritte hingegen sind leichter umzusetzen und reduzieren die Hemmschwelle, überhaupt anzufangen.
- Aufbau von Momentum: Jeder erfolgreich umgesetzte kleine Schritt stärkt dein Selbstvertrauen und motiviert dich, weiterzumachen. Dieses positive Momentum erleichtert die Etablierung weiterer Gewohnheiten.
- Langfristige Nachhaltigkeit: Indem du dich auf kleine Veränderungen konzentrierst, vermeidest du Überforderung und erhöhst die Wahrscheinlichkeit, dass die neuen Routinen dauerhaft Bestand haben.

Schritte zum Aufbau effektiver Routinen

Klare Ziele setzen

Definiere genau, was du erreichen möchtest. Ein klar formuliertes Ziel gibt dir Orientierung und ermöglicht es dir, den Fortschritt zu messen. Anstatt zu sagen "Ich möchte produktiver sein", könntest du dir vornehmen: "Ich möchte jeden Morgen eine Stunde an meinem Projekt arbeiten."

Eine Routine zur Zeit einführen

Versuche nicht, mehrere neue Gewohnheiten gleichzeitig zu etablieren. Konzentriere dich zunächst auf eine Routine und gib dir Zeit, sie zu festigen. Sobald diese zur Gewohnheit geworden ist, kannst du eine weitere hinzufügen.

Routinen an bestehende Gewohnheiten knüpfen

Verknüpfe die neue Routine mit einer bereits etablierten Gewohnheit. Dieses Prinzip, bekannt als "Habit Stacking", erleichtert es, die neue Handlung in deinen Alltag zu integrieren. Zum Beispiel könntest du nach dem morgendlichen Zähneputzen eine kurze Meditation einbauen.

Realistische Erwartungen haben

Setze dir erreichbare Ziele, die zu deinem Lebensstil passen. Wenn du beispielsweise selten Sport treibst, ist es unrealistisch, sofort täglich eine Stunde zu trainieren. Beginne stattdessen mit 15 Minuten dreimal pro Woche und steigere dich langsam.

Fortschritte verfolgen

Halte deine Fortschritte schriftlich fest. Ein Tagebuch oder ein Habit-Tracker kann dir helfen, motiviert zu bleiben und Muster zu erkennen. Das Abhaken erledigter Aufgaben gibt ein Gefühl der Erfüllung und visualisiert deinen Fortschritt.

Belohnungen einbauen

Belohne dich selbst für das Einhalten deiner Routinen. Positive Verstärkung motiviert und macht den Prozess angenehmer. Die Belohnungen sollten im Verhältnis zur Aufgabe stehen und dich wirklich erfreuen.

Umgang mit Rückschlägen

Es ist normal, dass es Tage gibt, an denen du deine Routine nicht einhältst. Wichtig ist, dich davon nicht entmutigen zu lassen. Akzeptiere den Rückschlag, reflektiere gegebenenfalls die Gründe und setze am nächsten Tag deine Bemühungen fort.

Beispiel für den Aufbau einer Morgenroutine

Stell dir vor, du möchtest deinen Tag produktiver beginnen und Prokrastination am Morgen vermeiden. Hier ist, wie du eine effektive Morgenroutine aufbauen könntest:

- Schritt 1: Früher aufstehen
  Entscheide dich, 30 Minuten früher aufzustehen als gewöhnlich. Diese zusätzliche Zeit nutzt du für Aktivitäten, die dir guttun und dich auf den Tag vorbereiten.
- Schritt 2: Bewegung integrieren
  Beginne den Tag mit leichten Dehnübungen oder einem kurzen Spaziergang. Bewegung am Morgen aktiviert den Kreislauf und erhöht die Konzentrationsfähigkeit.
- Schritt 3: Achtsamkeit üben
  Führe eine kurze Meditation durch oder schreibe in ein Dankbarkeitstagebuch. Dies hilft, den Geist zu klären und eine positive Einstellung zu fördern.
- Schritt 4: Tagesplanung
  Nimm dir Zeit, um die wichtigsten Aufgaben des Tages zu notieren. Priorisiere sie nach Dringlichkeit und Wichtigkeit. Eine klare Planung reduziert Stress und verhindert das Aufschieben.

Tipps zum Durchhalten von Routinen

- Erinnerungen nutzen
  Setze Wecker oder nutze Apps, die dich an deine Routinen erinnern. Sichtbare Notizen oder Kalender können ebenfalls hilfreich sein.
- Umfeld gestalten
  Schaffe eine Umgebung, die deine Routinen unterstützt. Wenn du zum Beispiel lesen möchtest, platziere ein Buch neben deinem Bett oder deinem Lieblingssessel.
- Gemeinsamkeit suchen
  Finde einen Freund oder eine Freundin, der/die ähnliche Ziele verfolgt. Ihr könnt euch gegenseitig motivieren und verantwortlich halten.
- Flexibilität bewahren
  Sei bereit, deine Routinen anzupassen, wenn sich deine Umstände ändern. Es ist besser, die Routine leicht zu modifizieren, als sie ganz aufzugeben.

Warum Routinen bei der Überwindung von Prokrastination helfen

Routinen reduzieren die Notwendigkeit, täglich viele Entscheidungen treffen zu müssen. Indem bestimmte Handlungen automatisiert ablaufen, bleibt mehr mentale Energie für wichtige Aufgaben übrig. Routinen schaffen Struktur und können helfen, Ablenkungen zu minimieren.

Wenn du zum Beispiel eine feste Arbeitsroutine hast, in der du zu bestimmten Zeiten konzentriert arbeitest und Pausen einlegst, verringerst du die Wahrscheinlichkeit, Aufgaben aufzuschieben. Die regelmäßige Wiederholung stärkt zudem das Gefühl der Selbstwirksamkeit und fördert das Vertrauen in die eigenen Fähigkeiten.

Langfristige Vorteile von Routinen

- Steigerung der Produktivität
  Regelmäßige Gewohnheiten ermöglichen es, Aufgaben effizienter zu erledigen und mehr in weniger Zeit zu schaffen.

- Verbesserung der Gesundheit
  Routinen können dabei helfen, gesündere Lebensweisen zu etablieren, wie regelmäßige Bewegung, ausreichend Schlaf und ausgewogene Ernährung.

- Reduktion von Stress
  Ein strukturierter Tagesablauf kann Unsicherheit und Stress reduzieren, da du weißt, was auf dich zukommt und besser vorbereitet bist.

- Förderung des persönlichen Wachstums
  Durch kontinuierliche Selbstverbesserung und das Erlernen neuer Fähigkeiten trägst du zu deiner persönlichen Entwicklung bei.

Der Aufbau und das Durchhalten von Routinen sind essenzielle Schritte, um Prokrastination langfristig zu besiegen. Indem du dich auf kleine, umsetzbare Veränderungen konzentrierst und diese konsequent in deinen Alltag integrierst, schaffst du die Grundlage für nachhaltige Gewohnheiten.

Bücher und Ressourcen für weiterführende Strategien

Die Reise zur Überwindung der Prokrastination kann durch zusätzliche Ressourcen bereichert werden:

- **"Die 1%-Methode – Minimale Veränderung, maximale Wirkung" von James Clear**
  Dieses Buch zeigt, wie schon kleinste Verhaltensänderungen zu bemerkenswerten Ergebnissen führen können. James Clear erklärt, wie man durch die Etablierung winziger Gewohnheiten langfristig große Ziele erreicht und negative Muster durchbricht.

- **"Eat That Frog! 21 Wege, wie Sie in weniger Zeit mehr erledigen" von Brian Tracy**
  Brian Tracy bietet praktische Tipps und Techniken, um Prioritäten zu setzen, die wichtigsten Aufgaben zuerst anzugehen und Prokrastination effektiv zu überwinden.

- **"Selbstdisziplin: Wie Sie Ihre Willenskraft trainieren, um Ihre Ziele zu erreichen" von Martin Meadows**
  Ein Leitfaden zur Stärkung der Selbstdisziplin mit praktischen Übungen und Tipps, um Gewohnheiten zu ändern und motiviert zu bleiben.

- **"Mindset: Die neue Psychologie des Erfolgs" von Carol S. Dweck**
  Carol Dweck erläutert, wie unsere Denkweise unser Potenzial beeinflusst. Durch die Entwicklung eines dynamischen Denkens können wir Herausforderungen annehmen und persönliches Wachstum fördern.

- **"Deep Work: Regeln für eine fokussierte Arbeitswelt" von Cal Newport**
  Dieses Buch zeigt, wie man in einer von Ablenkungen geprägten Welt konzentriert und tiefgehend arbeiten kann, um produktiver zu sein und bessere Ergebnisse zu erzielen.

- **"Kreativität und Wahnsinn: Vom Nutzen des Scheiterns" von Elizabeth Gilbert**
  Elizabeth Gilbert ermutigt dazu, Ängste vor dem Scheitern zu überwinden und Kreativität als Weg zu persönlicher Erfüllung zu sehen.

- **"Die Macht der Disziplin: Wie wir unseren Willen trainieren können" von Roy Baumeister und John Tierney**
  Dieses Buch erforscht die Wissenschaft hinter Selbstkontrolle und bietet Strategien, um Willenskraft aufzubauen und erfolgreich zu sein.

- **"The Power of Habit: Warum wir tun, was wir tun" von Charles Duhigg**
  Charles Duhigg erklärt, wie Gewohnheiten funktionieren und wie man sie gezielt verändern kann, um persönliches und berufliches Wachstum zu fördern.

Selbstreflexion nach Kapitel 7: Wie du Prokrastination langfristig besiegst

1. Welche tieferliegenden Gründe erkenne ich hinter meinem Aufschiebeverhalten?
   - Reflektiere über emotionale oder mentale Blockaden.

2. Wie kann ich meine Umgebung gestalten, um neue Gewohnheiten zu unterstützen?
   - Überlege, welche Veränderungen in deinem Umfeld hilfreich wären.

3. Welche kleinen Routinen kann ich ab heute in meinen Alltag integrieren?
   - Notiere konkrete Ideen und plane ihre Umsetzung.

4. Wie kann ich Rückschläge nutzen, um stärker zurückzukommen?
   - Entwickle einen Plan, wie du aus Rückfällen lernst.

Notizbereich für deine Gedanken:

Erinnere dich daran, dass jeder Schritt, den du unternimmst, dich näher an dein Ziel bringt. Die Veränderung beginnt jetzt, und du hast die Kraft, dein Leben aktiv zu gestalten.

Abschlusswort

Ich hoffe, dass dieses Buch dir einen umfassenden Einblick in das Phänomen Prokrastination geben konnte – sowohl in seiner alltäglichen Ausprägung als auch in seinen tieferliegenden Ursachen. Mein Ziel war es, dir nicht nur Theorien und Konzepte zu vermitteln, sondern auch praktische Hilfsmittel an die Hand zu geben, mit denen du das Aufschieben gezielt bekämpfen und langfristig erfolgreiche Verhaltensänderungen erzielen kannst.

Wichtige Punkte, die du aus diesem Buch mitnehmen kannst, sind:

- Prokrastination ist mehr als bloßes „Zu-spät-Kommen" oder fehlendes Zeitmanagement. Oft verbirgt sich dahinter eine Kombination aus Persönlichkeitsmerkmalen, mentalen Blockaden oder unklaren Lebensumständen

- Eine ganzheitliche Betrachtung – einschließlich Selbstreflexion, Stärkung des Selbstwertgefühls und Einbezug möglicher psychischer Belastungen – kann helfen, Prokrastination an der Wurzel zu bekämpfen.

- Praxistools wie klare Ziele, fokussierte Arbeitsintervalle (etwa nach der Pomodoro-Technik), gute Strukturierung (z. B. mithilfe von To-Do-Listen oder der Eisenhower-Matrix) und bewusste Belohnungssysteme unterstützen dich dabei, ins Tun zu kommen und dran zu bleiben.

- Achte auf deine Bedürfnisse und Grenzen: Perfektionismus und mangelnde Selbstfürsorge treiben dich schnell in einen Kreislauf aus Schuldgefühlen und Aufschiebeverhalten. Hier können Routinen, Ritualisierung und Unterstützung durch Familie, Freunde oder professionelle Beratung helfen.

- Prokrastination kann auch ein Hinweis auf tiefere Lebenskonflikte sein. Das bewusste Hinschauen lohnt sich, damit du herausfindest, was dir langfristig gut tut – beruflich wie privat.

Ausblick

Dieses Buch soll dich ermutigen, den eigenen Weg im Umgang mit Prokrastination zu finden. Vielleicht war es nur ein kleiner Denkanstoß oder eine konkrete Hilfestellung, vielleicht auch ein umfassendes Konzept, das du nun in deinen Alltag integrierst. Denke daran: Jeder Fortschritt – so klein er auch sein mag – ist ein Schritt in die richtige Richtung.

Ich wünsche dir viel Erfolg bei der Umsetzung der vorgestellten Ideen und Methoden. Manchmal braucht es nur eine kleine Veränderung im Denken oder Handeln, um eine große Wirkung zu erzielen. Solltest du Fragen haben oder weitere Unterstützung suchen, zögere nicht, dich an Fachleute zu wenden oder dich mit Gleichgesinnten auszutauschen.

Ich danke dir, dass du dich auf dieses Thema eingelassen hast, und hoffe, dass du von den Impulsen und Strategien in diesem Buch nachhaltig profitieren kannst. Möge es dir gelingen, Prokrastination künftig als Ansporn für persönliche Entwicklung zu nutzen – und nicht länger als Hindernis, das dich von deinen Zielen abhält.

I **want** morebooks!

Buy your books fast and straightforward online - at one of world's fastest growing online book stores! Environmentally sound due to Print-on-Demand technologies.

Buy your books online at
www.morebooks.shop

Kaufen Sie Ihre Bücher schnell und unkompliziert online – auf einer der am schnellsten wachsenden Buchhandelsplattformen weltweit! Dank Print-On-Demand umwelt- und ressourcenschonend produziert.

Bücher schneller online kaufen
www.morebooks.shop

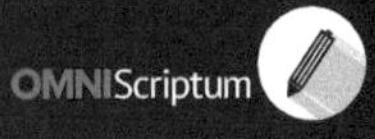

Printed by Books on Demand GmbH, Norderstedt / Germany